中央财经大学—北京市教育委员会"科学研究与研究生培养共建项目—科研项目—北京市企业年金运营与监管研究"课题成果

中国养老金网
博时基金管理有限公司　联合课题组
中央财经大学

企业年金投资管理

杨长汉　王瑞华　著

QIYE NIANJIN
TOUZI GUANLI

图书在版编目（CIP）数据

企业年金投资管理/杨长汉，王瑞华著．—北京：经济管理出版社，2015.6
ISBN 978-7-5096-3772-2

Ⅰ.①企… Ⅱ.①杨…②王… Ⅲ.①企业—养老保险—投资管理—中国 Ⅳ.①F842.67

中国版本图书馆CIP数据核字（2015）第096861号

组稿编辑：陆雅丽
责任编辑：杜 菲
责任印制：黄章平
责任校对：赵天宇

出版发行：经济管理出版社
（北京市海淀区北蜂窝8号中雅大厦A座11层 100038）
网　　址：www.E-mp.com.cn
电　　话：(010) 51915602
印　　刷：北京易丰印捷科技股份有限公司
经　　销：新华书店
开　　本：720mm×1000mm/16
印　　张：13
字　　数：236千字
版　　次：2015年6月第1版　2015年6月第1次印刷
书　　号：ISBN 978-7-5096-3772-2
定　　价：48.00元

·版权所有　翻印必究·

凡购本社图书，如有印装错误，由本社读者服务部负责调换。
联系地址：北京阜外月坛北小街2号
电话：(010) 68022974　邮编：100836

前　言

一、与企业年金共成长

从事企业年金研究和顾问服务15个年头了。2000年以来，即参与国际经合组织（OECD）等国际组织、中国劳动和社会保障部及其他相关政府部门、国内外著名金融机构、各类大型企业集团有关企业年金、养老金的课题研发和市场培育，可以说是与企业年金共成长。

中国从1993年开始进行企业补充养老保险的试点。经过长期的发展，积累了大量的经验和资金。2004年，《企业年金试行办法》和《企业年金基金管理试行办法》颁布实施，中国企业年金进入了规范快速发展的阶段。

1991~2000年底长达10年的时间内，中国只有1.6万多家企业建立企业年金，参加职工560万人，基金积累仅191亿元。而到2006年底，全国建立企业年金的企业已达2.4万多家，参加职工964万人，积累基金910亿元，比2000年增长了476%，年均增长100多亿元。到2013年，企业年金积累规模已达到6034亿元。

截至2014年三季度末，我国建立企业年金的企业达到72171家，参加企业年金计划的企业年金职工为2210.46万人，企业年金基金积累达到7092.39亿元。全国建立企业年金计划1366个，其中单一计划1290个、集合计划52个、其他计划24个。企业年金单一计划当中，法人受托单一计划1082个、理事会受托单一计划208个。

随着企业年金税收优惠政策的落实、职业年金的示范效应、商业养老保险基金的推动、社会保险制度改革的深化、中国人口老龄化的倒逼、中国巨大的职工人数的基数支撑，中国企业年金总规模将持续快速扩大。

二、由金融投资而企业年金/养老金

其实，我的兴趣一直在金融证券。在中央财经大学就读本科期间，醉心于马克思的《资本论》。1991年大学毕业后，在政府财经管理部门、上市公司、私募基金从事了大量证券相关的研究和实践工作。之后的硕士、博士及在中央财经大学的教学科研也主要集中在金融证券方面。

2000年，经历了中国资本市场的大起大落之后，我在思考欧美证券市场稳定发展的根源，发现欧美证券市场稳定的一个重要因素是养老基金是欧美证券市场最大的机构投资者。养老基金的稳定性和长期性给证券市场带来了长期稳定的基因。虽然当时国内已有大量企业年金、养老金的研究，但多是从社会保障、公共管理的角度进行的研究。当我读了莫迪利亚尼的储蓄生命周期理论、美国波士顿大学管理学院经济与金融学教授兹维·博迪（Zvi Bodie）和英国布鲁梅尔大学经济与金融学教授菲力普·大卫（E. Philip Davis）共同编辑的《养老金金融导论》即 The Foundations of Pension Finance 后，茅塞顿开。长期以来，与国内外大量金融机构的领导和专家交流，更加坚定了我由金融投资的视角研究企业年金、养老金。养老金金融（Pension Finance）的视角，既是企业年金、养老金、社会保障的一个全新视角，也是金融投资的一个全新视角。

三、感恩之心

求学和工作过程中，一直都得到了OECD等国际组织和国内外大量著名学术科研机构及领导和专家的支持。一直得到了中国劳动和社会保障部、证监会、保监会、银监会、中国人民银行、国资委、财政部等政府部门和金融机构及企业有关领导和专家的指导和支持。

给予我关心、帮助、支持的领导、专家、老师、同学、朋友、亲人之多，难以一一列名致谢。唯怀感恩之心，用心努力，一如既往，回报行业、回报社会。

本书写作过程中，由于时间和水平所限，难免有疏漏、错误之处，恳请读者通过 banker10@163.com 批评指正。

杨长汉

2015年2月10日于中央财经大学

目 录

第一章 导 论 ·· 1
  一、研究的背景和意义 ·· 1
  二、企业年金投资的基本理论依据 ······································ 4

第二章 企业年金投资发展概述 ··· 10
  一、我国企业年金相关投资政策 ·· 10
  二、中外企业年金投资发展现状 ·· 14

第三章 企业年金投资的目标与原则 ······································· 28
  一、企业年金投资目标 ·· 28
  二、企业年金投资原则 ·· 30

第四章 企业年金投资工具 ··· 33
  一、传统投资工具 ·· 33
  二、新型投资工具 ·· 65

第五章 企业年金投资策略 ··· 87
  一、企业年金投资的宏观分析框架 ···································· 87
  二、企业年金大类资产配置策略 ·· 92
  三、企业年金的投资策略选择 ·· 95
  四、企业年金投资策略的比较 ·· 114

第六章 企业年金投资策略模型及优化 ···································· 117

一、均值—方差模型及其优化……………………………………117
　　二、VaR 模型及其优化……………………………………………124
　　三、均值—方差模型与 VaR 优化模型比较分析………………127

第七章　企业年金投资绩效评估…………………………………………129
　　一、企业年金投资收益评估………………………………………129
　　二、企业年金投资风险评估………………………………………134
　　三、企业年金投资风险调整收益评估……………………………135
　　四、企业年金投资绩效归因分析…………………………………137

第八章　企业年金投资风险管理…………………………………………140
　　一、企业年金投资风险调整收益绩效衡量指标…………………140
　　二、企业年金投资风险测度及类型………………………………146
　　三、企业年金投资风险的管理与防范……………………………156

附　　录………………………………………………………………………169
　　企业年金基金管理办法……………………………………………169
　　关于扩大企业年金基金投资范围的通知…………………………185
　　关于企业年金养老金产品有关问题的通知………………………190

参考文献……………………………………………………………………198

第一章 导 论

一、研究的背景和意义

(一) 研究的背景

企业年金源自自由市场经济比较发达的国家。经过 100 多年的发展,企业年金已经成为发达国家养老保险体系中的一个重要支柱。随着人口老龄化的不断加剧,世界各国日益严重的老龄化趋势导致了养老金支付危机,为了应对由此带来的基本养老保险费用增加而引起的财政危机,弱化政府的基本养老负担,大力发展企业年金,建立多支柱的养老保障体系成为应对老龄化带来的支付危机的现实选择。

企业年金类型可分为待遇确定型(DB 型)和缴费确定型(DC 型)两种。DB 型企业年金是职工退休待遇确定并采用统一账户管理,DC 型企业年金是缴费确定并采用个人账户管理;DB 型企业年金不利于职工的流动,特别是企业破产时无法保障职工的养老金;DC 型年企业金克服了这一缺陷,被我国所采用。我国从 20 世纪 80 年代开始对企业职工基本养老保险制度实施改革,1991 年明确了建立基本养老保险、补充养老保险和个人储蓄性养老保险相结合的多层次养老保险体系的目标。当前我国的人口老龄化问题突出[①],政府层

[①] 国际上通常把 60 岁以上的人口占总人口比例达到 10%,或 65 岁以上人口占总人口的比例达到 7% 作为国家或地区进入老龄化社会的标准。按照此标准,我国 2010 年初即已进入老龄化社会。

面的基本养老保险已不能满足日益增长的居民消费需求,而商业养老保险对个人来说难以承受,从而企业年金起到了一个很好的补充作用。

截至2013年末,我国企业年金积累基金达6035亿元,相比2007年增加了近4倍,但加权投资收益率却由2007年的41%下降到了2013年的3.67%,低于3年期定期存款利率,对于这一投资结果,受益人恐怕难以接受(见图1-1)。受美国次贷危机和欧洲主权债务危机的影响,相比以前的权益市场、固定收益市场以及衍生品市场等,全球金融市场表现出了更大的波动性和联动性。然而,作为三支柱养老保障体系①中重要组成部分的企业年金的管理运营又高度依赖二级市场的投资表现,因而也面临巨大波动风险。

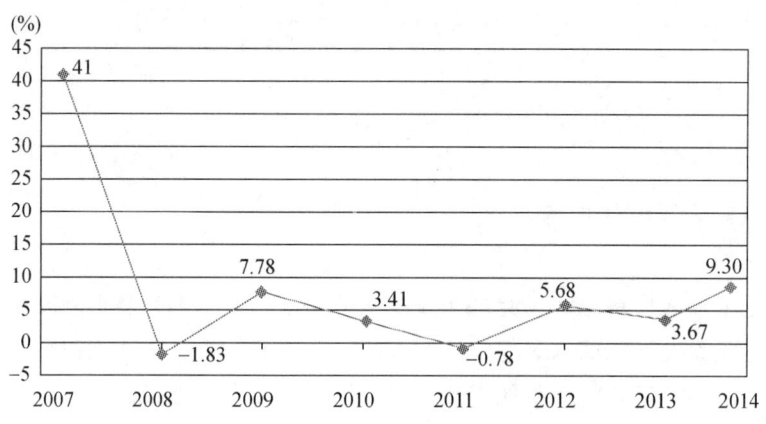

图1-1 历年中国企业年金基金投资收益率

由于过去我国企业年金规模较小,投资范围狭窄,无法承担起政府多支柱养老保障体系的构建。随着《企业年金基金管理办法》和2013年《关于扩大企业年金基金投资范围的通知》(即人社部23号令)和《关于企业年金养老金产品有关问题的通知》(即人社部24号令)的出台,企业年金的发展不断受到政府、企业和金融市场的重视。企业年金投资的核心在于年金投资策略,为了更好地优化企业年金的投资策略,实现稳定的预期收益,年金管理人不仅需要合理选择和运用传统的股权类和债权类等标的资产,还要面临如何配置包括商业银行理财、债权计划、信托等在内的各类新的标的资产。随着企

---

① 三支柱养老保障体系,即由公共养老保险、企业年金和个人储蓄性养老保险三支柱相结合的社会养老保险体系。

业年金和职业年金个人所得税递延纳税政策的实施,在新的政策形势下,如何利用好新的投资工具来实现企业年金的保值增值目标成了各基金管理人关注的问题。

(二) 研究的意义

企业年金的发展不仅有利于缓解基本养老保险的压力,还对完善现代企业制度具有促进作用。企业年金的不断壮大和市场化运营,也将为资本市场提供源源不断的长期资金来源,从而增强资本市场资金供给能力和运行效率。作为资本市场注重稳定长期投资的企业年金,在促进机构投资者的发展、遏制投机以及稳定资本市场等方面发挥着积极作用。

近年来,我国企业年金管理已基本实现市场化运营,但投资收益较不稳定。2013年以前,我国企业年金基金仅限投资于银行存款、债券等相对安全的资产,投资收益较低,无法支持政府构建起多支柱的养老保障体系。受2008年金融危机的影响,我国股市持续低迷,2008年和2011年企业年金的投资收益率均出现负值,分别为-1.83%和-0.78%[①]。新政策的出台对企业年金的发展具有重要意义,这将对我国资本市场的投资结构和效率产生重要而复杂的影响。从新政限定的五类金融产品入手,探索更适合中国市场的年金投资组合策略对提高我国企业年金的投资收益率有重要意义。

随着我国人口老龄化问题日益严重,基本养老基金收支缺口将日益扩大,我国企业年金将面临越来越大的保值增值压力。在现有条件下,我国企业年金投资仍有一定的政策限制,不可能完全照搬国外的经验。但追求企业年金计划未来价值最大化的理念应该贯穿在资产配置的决策过程之中,专业化投资管理人需要在相对保守的低风险型投资组合与追求高收益的激进型投资组合之间做出最优的选择。从企业本身来讲,结合自身的投资风险偏好及市场情况,对宏观市场经济走势和各类金融产品风险收益情况进行分析,在企业年金投资政策允许范围内提出符合企业年金投资的金融产品标准,并制定企业年金投资各类金融产品的适度策略,确保实现企业年金的保值增值目标,满足企业年金投资管理工作相关需求。

---

① 黄蕾. 上半年企业年金收益率扭亏投资渠道有望扩大 [N]. 上海证券报,2012-09-11.

二、企业年金投资的基本理论依据

（一）生命周期理论

储蓄生命周期理论由佛兰科·莫迪利亚尼首先提出（见图 1-2），该理论将储蓄与终生收入和个人的生命周期紧密联系在一起，富于创见地探讨了影响储蓄行为的各种因素。"消费者追求整个生命周期内效应的最大化，通过在工作期间进行正储蓄和退休后负储蓄（提取储蓄）来实现一生中各个时期的平滑消费"①。

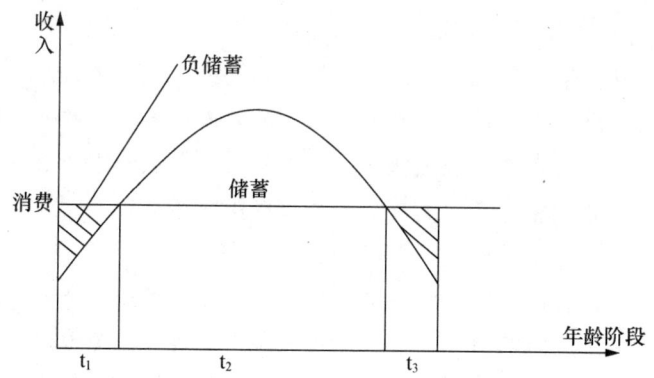

图 1-2 储蓄生命周期理论模型

企业年金计划将伴随雇员从进入企业开始到其生命终止，整个过程以雇员退休为临界点分为积累期和分配期，积累期雇员的年金由于其固定的缴纳额度和年金投资的收益而不断增加，在分配期雇员一次性或者分批拿回年金以供养老。年金投资的风险主要集中在积累期，既包括年金投资的风险，也包括因通货膨胀购买力下降的风险。如图 1-2 所示，按照雇员的年龄可以将生命周期

---

① 伊志宏. 养老金改革模式选择及其金融影响 [M]. 中国财政经济出版社，2000.

分为三个阶段，雇员在这三个阶段承受风险的能力是不同的，在年轻时期雇员离退休还有很长一段时间，可以承受更多的风险，而临近退休的雇员则没有多少时间来改变以往的不利选择，风险的容忍度较低。动态的雇员风险偏好为生命周期投资策略提供了理论依据，即在雇员较为年轻的时候，将更多的年金资金投资到风险较高的资产上，随着雇员年龄的不断增大，风险承受能力慢慢下降，将逐步减少投资于高风险资产的比例，而在临近退休时，则将年金资金投资到低风险、安全性比较高的资产上，如短期债券等。

（二）投资组合理论

1952年，哈里·马柯威茨发表了题为《投资组合选择》的论文，标志着现代投资组合理论的诞生。他从规范经济学的角度，将资产投资选择过程作为不确定条件下寻求期望收益最大化问题加以研究，对投资者如何通过组合风险资产建立有效边界，如何从自身的效用偏好出发在有效边界上选择最佳投资决策，以及如何通过分散投资来降低风险进行了系统的分析，第一次将不确定引入了资产投资，为现代资产组合理论奠定了基础。

本质上讲，马柯威茨的投资组合理论主要研究证券投资选择问题以及组合中各证券的投资比例问题，目的是使组合"风险相同时收益最大"或"收益相同时风险最小"。他用期望收益率衡量收益，用方差（或标准差）衡量风险，在投资者的共同偏好规则下，得出了最优投资组合点。组合不但受各证券本身风险因素的影响，而且受证券之间相关系数的影响，通过分散化可以降低证券组合的非系统风险。

虽然该理论一系列的假设前提条件限制了其在实际中的应用，但在预测组合未来收益和指导长期投资方面，其仍具有较好的理论价值和实际意义。企业年金的投资也必须同时考虑收益和风险两个因素，投资的收益同样可以用期望收益率来表示，风险可以用方差或者标准差来表示。对于企业年金来说，追求的也是风险既定收益最大或收益既定风险最小化。单纯考虑投资收益率对企业年金来说并不可取，高收益必然要承担高风险。企业年金作为职工的补充性养老保险，风险控制至关重要，安全是第一位的。因此，保障企业年金投资安全的重要方法就是要组合投资，通过分散化来降低企业年金的非系统风险。

(三) 资本资产定价模型

马柯威茨的投资组合理论为投资者提供了如何确定最优资产组合的方法和行动指南,该理论方法要求计算所有资产的协方差矩阵,严重制约其在实践中的应用。在马柯威茨资产组合理论的基础上,由威廉·夏普、林特纳和简·莫森三人分别提出的资本资产定价模型(简称 CAPM 模型)描述了在均衡条件下风险与预期收益之间的关系。该模型不仅提供了评价收益风险相互转换特征的可运作的框架,也为投资组合分析、基金绩效评价提供了重要的理论基础(见图1-3)。

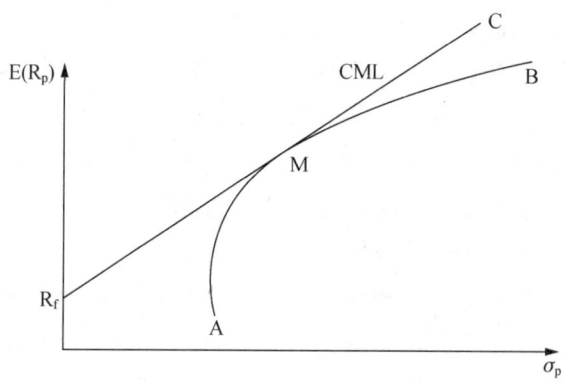

图1-3 资本市场线

资本资产定价模型假定投资者风险厌恶、无借贷限制、无摩擦以及所有投资预期相同等条件下,给出了资本资产定价模型的一般形式:

$$R_{it} = \alpha_i + \beta_i R_{mt} + \varepsilon_{it}$$

其中,R_{it} 表示某一给定时期证券 i 的收益率;R_{mt} 表示某一给定时间市场指数的收益率;截距项 α_i 为常数;斜率 β_i 表示系统性因素对证券或证券组合收益率的影响程度,通常被称为系统风险系数;ε_{it} 表示随机误差。

无风险资产与市场组合的连线形成了新的有效前沿,这就是资本市场线(the Capital Market Line,CML)(见图1-3)。资本市场线揭示了有效组合的收益和风险之间的均衡关系,资本市场线方程为:

$$E(R_p) = R_f + \frac{E(R_m) - R_f}{\sigma_m}\sigma_p$$

其中，R_f 表示无风险收益，$E(R_p)$ 表示组合期望收益；$E(R_m)$ 表示市场组合的期望收益；σ_m 表示市场组合的标准差；σ_p 表示有效组合的标准差。

资本市场线以无风险收益率为截距，直线的斜率表示单位市场风险的风险溢价，是对承担风险 σ_p 的补偿，称为风险的价格。在资本市场线上，尽管不同的投资者会选择不同的组合作为自己的最优投资组合，但由于这些最优组合均位于相同的线性有效集上，都是无风险资产 R_f 与切点 M 的组合，因此，它们之间的不同仅表现在对无风险资产的借贷比例上，而每个投资者都会将市场组合作为风险组合纳入自己的选择。在均值方差平面图上，所有有效组合为连接无风险资产和市场组合 M 的射线，即资本市场线。

资本市场线以标准差作为衡量有效投资组合风险的指标，揭示了有效投资组合风险和回报之间的均衡关系，但没有给出任意证券或组合的风险收益关系。证券市场线（the Stock Market Line，SML）用 β 值作为系统风险衡量指标，对所有资产组合和证券（无论是有效的还是无效的）的风险溢价和风险之间建立了函数关系（见图1-4），用模型表示为：

$$E(R_i) = R_f + \beta_i [E(R_m - R_f)]$$

其中，$E(R_i)$ 表示组合或单一证券 i 的期望收益率；$E(R_m - R_f)$ 表示风险的价格；β_i 表示该证券组合或证券的系统风险。

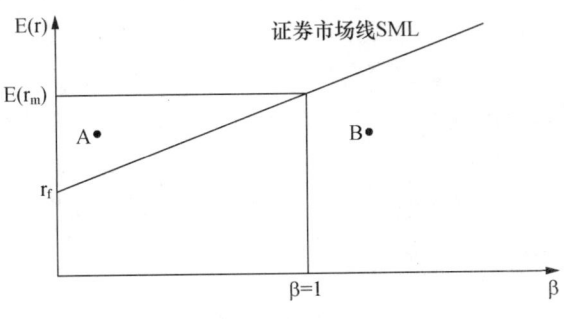

图1-4 证券市场线

CAPM 模型在投资收益与风险之间建立了一种非常明确的简单线性关系，其认为系统风险是理性的投资者在定价时所要考虑的唯一风险，因为这种风险不能通过分散化消除。实际上，CAPM 模型表明任何证券或证券组合的期望收益率是无风险收益率、市场组合期望收益率和系统风险的函数，单只证券或投资组合的期望收益率等于无风险证券的利率加上风险溢价。在 CAPM 中风险溢价是风险数量与风险市场价格的乘积[①]。该模型可以用来评价证券的定价是否合理，也提供了对投资组合绩效评估的标准。

资本资产定价模型应用在企业年金投资领域，集中表现为企业年金投资组合对整个市场的系统风险的防范。企业年金投资安全第一，当市场风险概率大于收益概率时，企业年金投资宁可选择不投资，确保企业年金基金的安全。资本资产定价模型既为企业年金投资提供了理论指导方法，也为企业年金投资绩效评估提供了理论基础。不同的投资收益承担了不同的风险水平，单位风险基础上的收益水平，体现了企业年金投资的能力。

（四）套利定价理论

1976 年，针对 CAPM 模型所存在的不可检验性问题，斯蒂文·罗斯在《经济理论杂志》上发表了《资本资产定价的套利理论》的论文，提出了一种替代性的资本资产定价模型——套利定价模型（Arbitrage Pricing Theory，简称 APT 模型）。APT 模型是一种均衡模型，揭示了均衡价格形成的套利驱动机制和均衡价格的决定因素。APT 模型相比 CAPM 模型假定更少，其认为市场是完全的，投资者能够发现市场上的套利机会，并利用该机会进行套利，即一价定律成立。当证券组合的价格与具有同样风险回报特征的某只证券或证券组合价格不一致时，投资者会不断地进行套利交易，从而不断推动证券的价格向套利机会消失的方向变动，直到套利机会消失为止，此时证券的价格即为均衡价格。套利的结果是市场进入均衡状态。此时，证券或组合的期望收益率具有下述构成形式即套利定价模型。

在假定市场上所有证券仅受到一个共同因素影响的前提条件下，套利定价理论给出了套利模型的具体形式：

$$r_i = a_i + b_i F_i + \varepsilon_i$$

其中，r_i 表示证券 i 的实际收益率；b_i 反映证券 i 的收益率 r_i 对因素指标 F_i 变动的敏感性，也称灵敏度系数；F_i 表示影响证券的共同因素；ε_i 表示扰

---

① 弗兰克·法博齐. 投资管理学 [M]. 经济科学出版社，1999.

动项。

套利定价模型表明，市场均衡状态下，证券或组合的期望收益率完全由它所承担的因素风险所决定，承担相同因素风险的证券或证券组合都应该具有相同期望收益率，即一价定律成立。模型给出了证券的收益率与共同风险因素之间存在线性关系，但并没有指明这些风险因素是什么。将单因素模型扩展到多因素模型，套利定价模型也是成立的。

APT模型的出现导致了多因素投资组合分析方法在投资实践包括企业年金投资上的广泛应用。随着企业年金投资工具的不断增多，尤其是对卖空限制的放宽，借助套利定价模型，企业年金基金可能不需要增加任何投资，即可构造出套利证券投资组合。

以上几个企业年金的投资基础理论并不是独立起作用的，而是贯穿在投资的整个过程中，需要企业年金管理人把理论与实际结合在一起考虑。是选择高风险高收益组合还是低风险低收益组合，这不仅需要考虑投资人所处的生命周期阶段，还要考虑该时期投资人的风险承受能力，以及市场上可选择的投资标的与市场风险水平。

第二章 企业年金投资发展概述

一、我国企业年金相关投资政策

我国最早的有关建立企业年金制度的政策始于1991年，经过20多年的发展，我国的企业年金制度已走向规范发展的道路。从2000年底我国颁布的《关于完善城镇社会保障体系的试点方案》到2004年5月1日《企业年金试行办法》的颁布，我国企业年金的发展经历了企业年金制度的探索、试点、整体框架初步形成、逐步完善四个阶段。

（一）企业年金制度的探索阶段（1991~1999年）

1991年，《国务院关于企业职工养老保险制度改革的决定》（国发〔1991〕33号）中首次提出，"国家提倡、鼓励企业实行补充养老保险，并在政策上给予指导"。这标志着作为我国养老保障体系中"第二支柱"的企业年金制度正式启动。

1994年颁布的《劳动法》中关于"国家鼓励用人单位根据本单位实际情况为劳动者建立补充保险"的规定，为建立企业年金制度提供了法律依据。

1995年，《国务院关于深化企业职工养老保险制度改革的通知》（国发〔1995〕6号）中提出，"企业按规定缴纳基本养老保险费后，可以在国家政策指导下，根据本单位经济效益情况，为职工建立补充养老保险"；在经办机构的选择上，"企业补充养老保险和个人储蓄性养老保险，由企业和个人自主选择经办机构"。

1995年12月，劳动保障部《关于印发〈关于建立企业补充养老保险制度的意见〉的通知》（劳部发〔1995〕464号），对企业补充养老保险的实施条件、决策程序、资金来源、记发办法以及经办机构等具体政策做出了规范，并明确提出我国补充养老保险采用DC模式。

1997年，《国务院关于建立统一的企业职工基本养老保险制度的决定》（国发〔1997〕26号）中明确了企业补充养老保险和基本养老保险的关系，以及发挥商业保险在社会保障体系中的补充作用。

（二）企业年金制度的试点阶段（2000~2003年）

2000年，国务院《关于完善城镇社会保障体系试点方案》（国发〔2000〕42号），将企业补充养老保险更名为企业年金，明确提出："有条件的企业可为职工建立企业年金，并实行市场化运营和管理。企业年金实行基金完全积累，采用个人账户方式进行管理，费用由企业和职工个人缴纳，企业缴费在工资总额4%以内的部分，可从成本中列支。"并确定辽宁为试点省份（深圳、上海、淄博等城市也陆续推出了对企业年金的税收优惠政策）。

2001年，《国务院关于同意〈辽宁省完善城镇社会保障体系试点实施方案〉的批复》（国函〔2001〕79号）提出，建立企业年金的企业需具备三个条件：依法参加基本养老保险并按时足额缴费；生产经营稳定，经济效益较好；企业内部管理制度健全。同时提出"大型企业、行业可以自办企业年金，鼓励企业委托有关机构经办企业年金"。

（三）企业年金制度整体框架初步形成阶段（2004~2012年）

2004年4月，劳动保障部发布《企业年金试行办法》，规定企业年金基金实行完全积累，采用个人账户方式进行管理，企业年金基金可以按照国家规定投资运营，企业年金受托人应选择具有资格的商业银行或专业托管机构，作为企业年金基金托管人。同月，劳动保障部、银监会、证监会和保监会四部门联合发布《企业年金基金管理试行办法》，对企业年金基金的受托管理、账户管理、托管以及投资管理进行了规范，该办法自5月1日起和《企业年金试行办法》同时施行。两个办法的出台初步确立了信托型企业年金制度的基本框架，明确了企业年金市场化运作的大方向和规则。

2004年8月，劳动保障部发布了《企业年金管理指引》，对各类金融机构从事年金业务操作的全流程和全方位的规范，勾勒出了中国企业年金的制度特点和运作方式。

2004年11月，劳动保障部和证监会联合发布《关于企业年金基金证券投资有关问题的通知》（劳社部发〔2004〕25号）和《企业年金基金证券投资登记结算业务指南》，首次对企业年金基金证券投资的开户、清算模式、备付金账户管理等有关问题进行了具体规定，为企业年金入市奠定了重要的制度基础。

2005年，劳动保障部相继出台了《企业年金管理运营机构资格认定暂行办法》、《企业年金账户管理信息系统试行标准》等文件，从而形成以开户流程、运作流程、受托人规定等细则为补充的企业年金整体运作框架。

2011年1月，新修订的《企业年金基金管理办法》开始实施，对企业年金基金的投资范围和比例进行了细化。其中，提高了固定收益投资比例，降低流动性投资比例，同时取消对股票投资20%的上限，办法于同年5月起实施。

2012年12月，为进一步指导和规范国有金融企业建立企业年金制度，健全激励约束机制，完善社会保障体系，促进国有金融企业持续健康发展，财政部通知印发了《国有金融企业年金管理办法》。

（四）企业年金制度逐步完善阶段（2013年至今）

2013年3月，人力资源和劳动保障部发布了《关于扩大企业年金基金投资范围的通知》（人社部发〔2013〕23号，以下简称23号令），新增商业银行理财产品、信托产品、基础设施债权投资计划、特定资产管理计划、股指期货五类产品为企业年金的投资标的。

2013年4月，人力资源和劳动社会保障部发布了《关于企业年金养老金产品有关问题的通知》（人社部发〔2013〕24号，以下简称24号令），规定了企业年金养老金产品的投资范围和投资比例。

2013年12月，财政部、人力资源社会保障部和国家税务总局联合下发《关于企业年金、职业年金个人所得税有关问题的通知》，对年金缴费、年金基金投资和领取环节的个人所得税递延纳税政策以及纳税申报、登记备案事项作出规定。

2014年1月，人力资源和劳动社会保障部制定了《关于发布扩大投资范围后新增投资产品估值核算指导意见（试行）》，以规范商业银行理财产品、信托产品、基础设施债权投资计划、特定资产管理计划和企业年金养老金产品中涉及的估值核算原则、方法和会计处理，健全投资运行机制。

2014年3月又进一步制定了《扩大企业年金基金投资范围和企业年金养老金产品有关问题政策释义》对23号令和24号令的投资标的给出了更为清晰明确的解释和规定。

企业年金基金何时放开"非标债券产品"投资一直是资本市场关注的热点，由于企业年金基金肩负养老保障的特性，受人社部和保监会的共同监管，因此，创新类政策的制定较为谨慎。23号令和24号令的出台，虽然与保险资金投资新政相比依然略显保守，不过符合市场预期，但银行理财产品、信托产品、基础设施债权计划和专项资产管理计划从大类上基本覆盖了目前与市场化利率挂钩的金融产品。

从新政策的释义来看，企业年金基金可投资的商业银行理财产品、信托产品、基础设施债权投资计划的发行主体，主要限于以下三类：①具有"企业年金基金管理机构资格"的商业银行、信托公司、保险资产管理公司；②金融集团公司的控股子公司具有"企业年金基金管理机构资格"，发行商业银行理财产品、信托产品、基础设施债权投资计划的该金融集团公司的其他控股子公司；③发行商业银行理财产品、信托产品、基础设施债权投资计划的大型企业或者其控股子公司（已经建立企业年金计划）。该类商业银行理财产品、信托产品、基础设施债权投资计划仅限于大型企业自身或者其控股子公司的企业年金计划投资，并且投资事项应当由大型企业向人力资源社会保障部备案。

23号令的出台，可谓开启了企业年金投资"非标"资产的大门。当前企业年金开展"非标"资产投资可谓适逢其时。一方面，传统的股票与债券市场波动加剧，给年金资产保值增值带来较大压力；另一方面，十八大提出的新四化增长格局，包括新型城镇化建设和保障房建设都会产生大量长期资金需求。这部分与国计民生相关的基础设施类投资在期限和风险收益特征上与企业年金存在极高的契合。企业年金通过信托计划、基础设施债权计划等方式参与此类投资，既能增强企业年金收益的稳定性，使广大参保职工能够分享中国经济增长的红利，又能解决国家战略发展面临的融资渠道问题，提高企业年金投资的社会责任。

在看到"非标"资产为企业年金带来收益的同时，我们也需要高度关注这一新的业务领域可能引发的风险。中国的"非标"资产市场发展尚不完善，即便是目前已经相对成熟的基础设施债权计划和信托计划，也普遍存在信息透明度不高、市场评级或评价标准不规范等问题，特别是在中国经济增速放缓、实体经济信用违约事件显露苗头的大背景下，如何有效甄别和管理投资项目的信用风险，成为年金管理机构首要的问题。此外，对于现有企业年金投资管理机构而言，"非标"资产投资不同于股票、债券、基金等传统投资领域，专门投资团队构建和风险管理文化的培育都需要时间和磨合。

二、中外企业年金投资发展现状

（一）我国企业年金投资发展现状

从企业年金在养老保障体系的地位来看，我国养老保障体系主要分为三个层次：基本养老保险，补充养老保险和个人储蓄计划。作为补充养老保险的主要组成部分，企业年金在整个养老保障体系中的作用越来越受到重视。

1. 我国企业年金的规模

从发展规模来看，2000年我国企业年金规模仅191亿元，到2013年底达到6000多亿元，增长了30多倍。2014年上半年，全国又新增年金计划260个，年金积累基金增加110多亿元，显示出企业年金良好的发展势头。据世界银行预测，至2030年中国企业年金规模将高达1.8万亿美元，约15万亿元人民币，成为世界第三大企业年金市场。表2-1为历年我国企业年金基本情况表。

表2-1 历年我国企业年金基本情况表

年份	企业数（百个）	职工数（万人）	积累基金（亿元）	增速（%）
2007	320	929	1519	—
2008	331	1038	1911	25.81
2009	335	1179	2533	32.55
2010	371	1335	2809	10.90

续表

年份	企业数（百个）	职工数（万人）	积累基金（亿元）	增速（%）
2011	449	1577	3570	27.09
2012	547	1847	4821	35.04
2013	661	2056	6035	25.18

我们可以看到，从2007年至今我国的企业年金规模每年都在不断地增加，并且保持10%以上的增速。参与企业数量、职工人数也都在不断增加，但相比于全国工商登记的企业数量和劳动就业人口，企业年金仍有较大的发展空间。

2. 我国企业年金投资的收益率

表2-2　2013年我国企业年金基金投资组合收益率分布表

组合收益率（R）	样本组合		样本期末资产	
	数量（个）	占比（%）	总额（亿元）	占比（%）
$R \geq 8\%$	7	0.33	13.06	0.25
$8\% > R \geq 6\%$	47	2.24	113.40	2.20
$6\% > R \geq 4\%$	560	26.73	2039.16	39.57
$4\% > R \geq 2\%$	1036	49.45	2300.95	44.65
$2\% > R \geq 0$	426	20.33	670.08	13.00
$R < 0$	19	0.91	16.63	0.32
合计	2095	—	5153.28	—

注：①样本为投资运作满全年的投资组合；②样本组合数和样本期末资产金额是指收益率在该区间的样本组合个数和这些组合期末资产金额之和；③组合收益率 R 的计算方法为单位净值增长率。

表2-2为2013年我国企业年金基金投资组合收益率分布情况表，从中可以看出2013年我国企业年金的投资收益不管是组合数量还是资产总额均主要集中在2%~6%，其中，能达到4%以上收益的组合数量占比不足30%，如果考虑到通货膨胀因素，至少有20%以上的组合实际投资收益率为负（见图1-1）。这样的投资结果显然不能满足委托人所要求的目标，更是与建立企业年金的初衷背道而驰。企业年金所要追求的是更为稳定的收益和长期的增值。

我国的企业年金收益率在2007年出现异常的高收益后开始下降并出现不

断的波动，其与股市和宏观经济走势密切相关。其中，2008~2011年出现了名义负收益，2010年和2013年的收益率基本与一年期定存利率相当，投资效果不太理想，收益波动较大。

以上不管是从横向还是纵向来看，企业年金投资收益均呈现整体偏低，并且波动性较大，容易受宏观经济形势和资本市场发展的影响。为了实现企业年金长期稳定的保值增值，亟须探索新的更为稳健的投资策略。未来我国企业年金还有很大的市场发展空间，隐含的投资需求必然也要求基金能够保值增值，如何在控制好风险的前提下提高企业年金的真正收益，正确策略组合的选择将是投资成败的关键。

3. 我国企业年金的发展结构

从发展结构来看，企业年金在经济效益好的行业尤其是几大垄断行业发展较快。2013年，企业年金基金积累超亿元的全部集中在电力、石化、石油和电信等行业。企业年金的推广在沿海和发达省份要快于内陆落后省份。2013年上海市企业年金已经达到3838483.21万元的规模；北京市截至2013年底已建立企业年金账户2689个，规模达2583869.85万元。相比之下，一些内陆经济欠发达地区的企业年金甚至还没有启动。此外，国有企业建立企业年金的比例明显高于民营企业。

就目前的发展现状来看，我国企业年金国有企业占主导，行业覆盖不够全面，而且表现出区域发展不协调，和西方发达国家相比还存在较大差距。

（二）中外企业年金投资发展比较

1. 主要国家企业年金发展比较

从世界整体水平来看，欧洲和北美等发达国家的企业年金覆盖率处于较高的水平。我国企业年金发展起步较晚，加上运行机制不够健全，整体发展处于较低的水平，图2-1为2013年主要国家企业年金计划成员占总就业人数的比例。

从企业年金计划成员占总就业人口之比的指标上看，中国仅为1.51%，远远落后于比利时、美国和加拿大等私人养老金市场比较发达的国家，与奥地利、意大利和西班牙等公共养老金占主体地位的国家也存在较大的差距，只略微高于法国，但法国的公共养老金和强制性职业年金计划几乎覆盖全国所有就业人口。

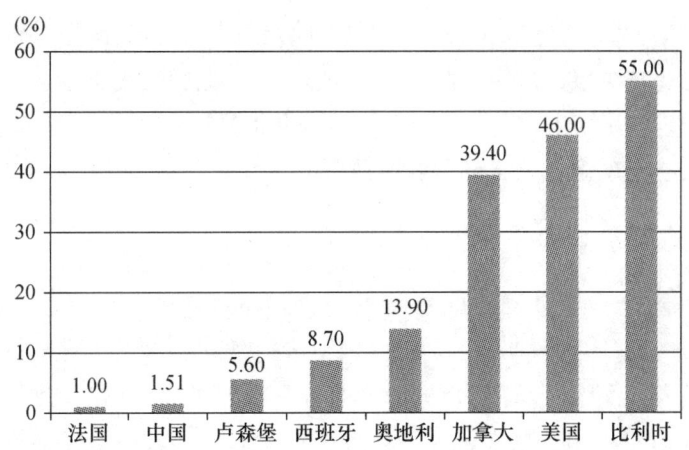

图 2-1 2013 年企业年金计划成员占总就业人数比例的中外对比

从图 2-2 可以看出,中国企业年金资产占 GDP 的比重仅为 0.71%,与世界上一些国家差距十分明显。在公共养老金制度上具有贝弗里奇①传统的国家其企业年金制度明显比其他国家要发达,如丹麦和芬兰等,这些国家的企业年金

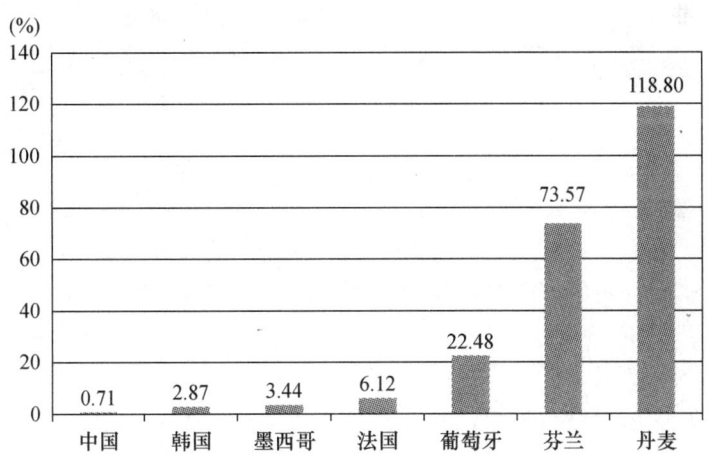

图 2-2 2013 年企业年金资产占 GDP 比例的中外对比

---

① 威廉·贝弗里奇(1879~1963 年),是福利国家的理论建构者之一,被称为"福利国家之父",他提出建立"社会权利"新制度,包括失业及无生活能力之公民权、退休金、教育及健康保障等理念。

资产占 GDP 比例均高达 70% 以上。在俾斯麦模式①盛行的欧洲大陆国家，企业年金发展比较滞后，即便如此，其占 GDP 比例也远远高于中国。如法国企业年金资产占 GDP 的比重为 6.12%。在发展中国家，中国企业年金资产占 GDP 的比例也是明显偏低于韩国和墨西哥的。

2. 主要国家企业年金资产配置特征

（1）美国企业年金资产配置特征。美国的 401（K）计划来源于美国 1974 年颁布的《国内税收法》中的 401（K）条款。以下主要以这个美国最著名的企业年金计划为例来分析美国企业年金的资产配置特点。401（K）计划自实施以来，由于其在税收、管理、投资运作等方面的优势得到了极快的发展，成为美国企业年金体系中的一个重要组成部分。截至 2006 年底，美国企业年金资产总规模达到 26980 亿美元。在 401（K）计划中，雇员有权决定 401（K）账户资产的投资方式，通常雇主会提供几种投资组合方式供雇员自行选择。表 2-3 是美国 401（K）计划下账户基金的几类投资组合方式。

表 2-3 美国 401（K）计划下投资组合情况　　　　单位：%

	股票基金	债券基金	平衡基金	货币基金	公司股票	GICs 或其他价值基金
组合 1	58.7	17.7	12.4	8.3	—	—
组合 2	51.7	7.1	12.1	—	—	23.3
组合 3	41.7	14.5	6.6	6.9	28.7	—
组合 4	36.0	4.7	8.4	2.2	25.3	21.3

资料来源：杨怡. 中国企业年金投资运作模式研究——基于全球化投资运作模式比较视角 [D]. 复旦大学博士学位论文，2010.

从表 2-3 可以看出美国企业年金资产配置主要有以下几个特点：

1）投资工具多样，且资产配置日益基金化。目前美国企业年金资产配置主要分为金融资产与实物资产两大类。金融资产主要有银行存款、股票、债券及各类金融衍生工具；实物资产则主要有房地产、各类基础设施等。投

---

① 俾斯麦型社会保障模式是以社会保险为核心，社会保障费用由雇员、雇主和国家三方负担，主要以雇员和雇主承担，社会保障的给付与雇员的收入和社会保险缴费相联系。

资工具的多样化不仅可以有效地分散投资风险,还可以取得较好的稳定投资回报。

2)权益类资产投资比例较大,收益较高。我国企业年金实行的是严格比例原则的监管制度,对股票及其金融衍生工具的投资比例做了严格的限制,目前年金基金投资范围主要以低风险的固定收益类资产为主。而美国实行的是审慎人监管模式,对企业年金的投资范围和比例没有作严格的限制。美国的资本市场较发达,拥有较完整的金融市场监管体系,为了追求较高的投资收益率,其企业年金多投资于股票、债券基金等市场。

(2)日本企业年金资产配置特征。日本养老制度体系包括三个层次:一是国民年金;二是与职业收入相关联的厚生年金与共济年金;三是私人养老金。当前日本企业年金主要包括厚生年金与税制合格退休年金制度。日本企业年金覆盖率极高,早在20世纪80年代,其覆盖率就高达90%以上。与其他OECD国家不同,日本对企业年金实行的是政府直接参与管理,为了企业年金基金实现稳步增长,政府在年金基金的管理与投资运作中一直比较保守,并对企业年金基金资产各投资工具范围作了严格的规定。如企业年金投资债券比例不低于50%,投资股票比例不超过30%,投资房地产比例不超过20%,投资外国资产比例不超过30%,且投资单一公司的资产比例不超过10%。截至

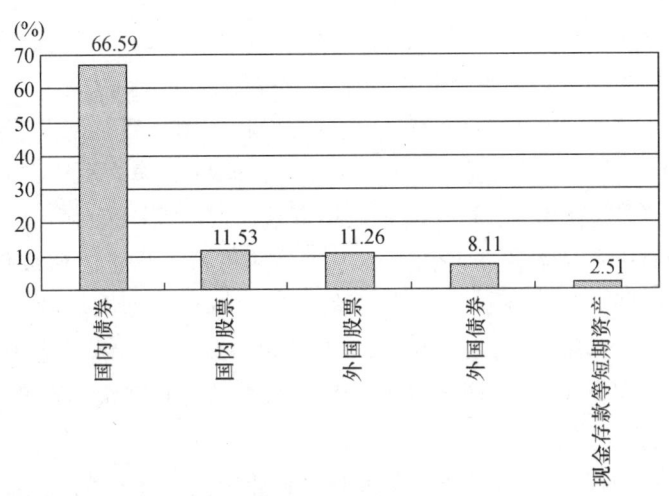

图2-3 2011年3月末日本GPIF管理下的企业年金资产构成

资料来源:冯武勇. 稳字当头——日本养老金重债轻股[N]. 中国证券报,2012-03-15.

2009年末,日本企业年金基金规模约为74万亿日元,折合人民币约为4.9万亿元,远超同期的我国企业债券年金。自2006年起,"国民年金"和"厚生年金"由日本厚生劳动省监管下的"年金公积金运用独立行政法人"(GPIF)负责具体管理运用。

从图2-3的数据可以看出日本企业年金配置的特点有:

1)企业年金基金投资以"稳"为主,主要投资于国内债券,收益率较低。不同于欧美等国将年金基金主要投资于股票和基金市场,日本企业年金基金投资比例最高的是债券。日本在企业年金基金投资运营上遵循的是审慎人原则,并对企业年金基金资产投资范围和比例作了严格的限制。

2)企业年金配置具有多元化和国际化的特点。我国企业年金基金投资范围仅限于国内,而日本企业年金不仅在国内实现稳定投资,而且还广泛投资于国外债券和股票市场,年金投资呈现出国际化的特点。日本自20世纪90年代以来,经济一直处于萧条状态,国内企业效益下降,失业率较高。受国内低利率水平和低迷的资本市场的影响,日本将接近1/4的企业年金资产投资于国外的债券与股票,以获取较高的投资回报率。日本外国股票投资主要集中在发达国家,因为发达国家拥有较为成熟的资本市场,完善成熟的资本市场能够为投资者提供多样化的投资工具与组合,通过多样化的资产配置,能够降低投资组合的系统风险,取得稳定高额的投资回报。

(3)澳大利亚企业年金资产配置特征。澳大利亚超级年金制度是一种强制性的、由雇主缴纳费用的企业年金制度。强制性的特点决定了高的覆盖率,同冰岛、瑞士等实行强制性企业年金的国家一样,澳大利亚企业年金的覆盖率高达90%以上,基本上实现了"全民覆盖"。1993年澳大利亚颁布了《超级年金基金业(监管)法》,该法对企业年金基金资产投资范围和比例作出了以下规定:所有投资必须在澳大利亚国内交易所进行;禁止向超级年金基金借款;交易所内资产投资不超过法定最大限额的10%。澳大利亚同美国一样,实行的是审慎人监管原则,并没有对资产类别与最低收益率进行限定,但是要求资产管理人在企业年金投资运营的过程中要始终保持谨慎的态度,争取投资效益最大化而风险最小化。

从图2-4的数据可以看出,澳大利亚企业年金配置的特点包括:

1)企业年金基金采用较为积极主动的投资策略时投资收益较高。澳大利亚实行的是审慎人原则,对企业年金基金的投资范围和比例并没有进行严格的限制。因此,年金投资管理少,在进行年金资产的配置时拥有更大的自主权利，在利益的驱动下，必然会追求高收益的投资工具，存在道德风险。

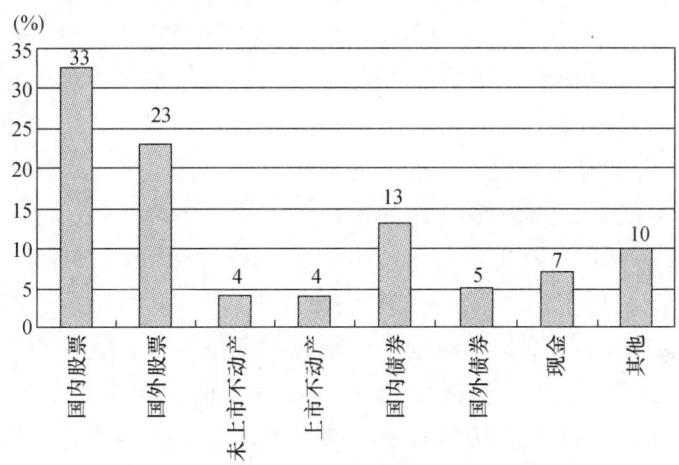

图 2-4　2005 年澳大利亚超级年金默认资产配置

资料来源：郑秉文，孙守纪. 强制性企业年金制度及其对金融发展的影响——澳大利亚、冰岛和瑞士三国案例分析 [J]. 公共管理学报，2008.

2) 超级年金资产投资国外的比例较大，受国际经济影响较大。从2005年的数据可以看出，超级年金投资国外的股票与债券的比例之和接近30%。进行国外投资，一方面可以避免国内资本市场的缺陷，将风险分散；另一方面可以利用国外发达国家资本市场上多样化的投资工具，优化投资组合，提高投资收益。但一旦国际经济形势发生变化，对投资收益的影响也是很明显的，如2008年经济危机的爆发，直接导致超级年金在该年的投资收益率为负。

3. 中美企业年金发展情况对比

截至2014年一季度，我国企业年金积累基金6306.38亿元。而就在2000年前，企业年金经过10年的积累规模不过3570亿元。换句话说，企业年金近两年的增速几乎和前十年的发展规模相当。从2013年底开始，加大企业年金投资范围和业务范围等政策纷纷落地，加之年初人社部等三部委出台企业年金、职业年金个人所得税延期纳税的优惠政策，企业年金业务将在2015年进入集中爆发期。作为养老保险制度的"第二支柱"，企业年金发展至今已有十余年，成为养老三支柱中的明显短板。2012年底企业年金的规模剧增到4821亿元，新增基金规模首次突破千亿元，而2013年的数据则直接攀上了6000亿元大关，较2012年增加了25%。目前，企业和职工参加城镇基本养老保险的缴费已经高达28%，严重挤压了企业年金的发展空间。根据人社部近日公布的2013年企业年金投资管理人的投资成绩单来看，近6000亿元企业年金运作资产的加权平均收益率仅为3.67%，整体投资收益近200亿元，同比2012年的5.68%下滑了约2个百分点。作为对比，2013年全国社保基金投资收益为696亿元，收益率为6.29%。显而易见，与全国社保基金相比，企业年金的收益率显得有些劲头不足。这样的收益率确实偏低，基本与银行3.25%的一年定存利率持平。企业年金与社保基金的投资方式不同，虽然不能简单做对比，但这样低的收益率同样制约企业年金规模的发展；不过，从2015年的投资环境来看，企业年金的收益率将会比较乐观。

根据现行规定，企业年金投资股票等权益类产品以及股票基金、混合基金、投资联结保险产品（股票投资比例高于或者等于30%）的比例，不得高于投资组合企业年金基金财产净值的30%。而从2013年企业年金的资产配置上可以看出，2013年60%左右投的是固定收益类投资，另有30%左右投的是类现金资产，权益类投资只有10%左右，另类投资则占比很少。以这样的投资比例来看，2013年实现3.67%的平均收益率显然偏低。

表2-4　2012年底中美养老金市场规模与结构

层次	养老金类型	中国（万亿元人民币）	美国（万亿美元）
第一支柱	政府设立养老金	3.5（41%）	2.9（13%）
第二支柱	雇主设立养老金	0.6（7%）	14.1（63%）
第三支柱	个人退休账户	4.5（52%）	5.4（24%）
	养老金总资产	8.6	22.4

注：中国政府设立养老金指全国社会保障基金（1.1万亿元）与基本养老保险结余资金（2.4万亿元）总和，中国雇主设立养老金主要指企业年金，企业年金基金规模60万亿元，2012年底个人养老年金保险保费达到1227亿元，总计约为0.4亿元，美国数据来源于ICI2012年度报告。

对比中美养老金市场规模与结构（见表2-4），可以看到我国企业年金存在的不足，不管是规模还是结构上均和美国存在较大差距。总体上说，我国整个养老金市场规模偏小,尤其是企业年金规模仅为0.6万亿元人民币,而同期美国的雇主设立的养老金规模高达14.1万亿美元。从结构上看,我国企业年金占中国养老金市场份额仅为7%,而美国企业年金占整个养老金市场份额的比重竟高达63%。作为人口大国,我国政府和个人的养老负担较重,随着人口老龄化的不断加剧,如何制定符合现有经济发展阶段和企业、单位特点的三支柱替代率,以及相应的税收财政政策是一个非常重要的课题。如何发挥第二支柱在养老方面的作用,将是未来我们国家研究的重点。从市场所处的发展阶段来看,美国养老金市场政策支持力度大,已经处于成熟阶段,中国私营养老金市场还处于刚刚起步的阶段。

(三) 我国企业年金投资存在的问题

1. 企业年金相关法律制度操作性不强

(1) 法律制度规定过于笼统。2004年被称为"企业年金年",在这一年《企业年金试行办法》和《企业年金基金管理试行办法》两个对于发展企业年金的重要性文件出台,在这两个文件中对企业年金的具体投资运行与监督管理提供了法律依据,并做了构架性的规定,但是这两个规定都显得较为笼统,缺乏系统化、操作性的细化规定与安排。虽然23、24号令的出台给了企业年金投资进一步的放宽和指导,但企业年金的投资运作涉及层面与机构是多样与复杂的,目前为止还没有一部针对企业年金投资运营的法律出现。

(2) 法律制度面临适用障碍。在主体方面,我国企业年金制度法律的建设还面临法律交错适用的问题,各主体的法律适用各不相同,如雇主与雇员之间的争议适用的是《劳动法》,而委托人与受托人以及受益人之间适用的是《合同法》、《信托法》、《保险法》等。企业年金计划参与人和监督管理机构,根据监管部门的不同,适用的法律也各有不同,以上各个法律之间的关系甚至出现了冲突,如《信托法》与《劳动法》、《养老保险法》就存在冲突,法律适用性成为规范企业年金主体关系的障碍。

(3) 税法支持力度较弱。企业发展企业年金作为分担社会养老保险责任的第二支柱,政府应予以政策支持,这也是福利性的一种体现。目前我国关于企业年金税收优惠政策的规定见于财政部2000年第42号文件中提出的"针对试点企业的企业年金占工资总额的4%之内可以作为企业成本进行税前列支",

其他地区如广东、云南、浙江、安徽也根据自己的情况，出台了相关的发展企业年金的税收优惠政策，这些方案的出台，促使我国企业年金在较短时间发展迅速。2013年12月，为贯彻落实党中央、国务院决策部署，进一步支持我国养老保险事业的发展，建立多层次养老保险体系，财政部、人社部、国家税务总局三部门研究出台了促进企业年金和职业年金发展的个人所得税递延纳税政策。政策的出台将会加大我国企业年金的发展，为企业年金的长期发展注入新的活力。

2. 企业年金运营投资的资本市场发育程度低

（1）资本市场投资渠道狭窄。国外的经验表明，成熟的资本市场要具备的条件有市场环境稳定、商业银行与保险体系健全、金融监管有效、市场运行规则明确。而我国目前的资本市场还未完全成熟，投资工具少、投资渠道狭窄、投资运营操作存在市场化程度低、利率法定以及金融衍生产品缺乏，金融创新不足、金融机构专业素质不强等。我国企业年金发展面临着资本市场发育不良的大环境不佳问题，尽管我国的资本市场随着我国金融体制的改革已初见成效，发展良好，但还是存在着一些问题，具体体现在资本市场发展不成熟。

（2）资本市场运作不规范。我国资本市场存在的另一个重要问题是仍不为一个充分竞争的市场，企业年金存在投资运营不规范，投资风险大，不能满足企业年金对安全性与收益性的需求。因为我国资本市场的创造与发育带有很大行政成分，目前这些成分仍可渗透到资本市场机体。如股权结构不合理，国有股一股独大，内部治理结构难以完善；上市公司做假账，披露虚假信息，进行关联交易，庄家恶意操纵市场，中小投资者与散户的利益无法得到保障等。著名经济学家就曾一针见血地发出"我国的股票市场就是赌场，甚至赌场都不如"的言论。企业年金基金为了实现增值保值，最终的途径是要进入资本市场，资本市场这些顽疾制约着我国企业年金的投资运营。

3. 企业年金监督管理体系构建有待加强

对于我国企业年金投资运营监管过程存在的问题，大致归纳有以下几点：

（1）监督管理的法律效力低。我国对企业年金投资运营的法律法规的建设从20世纪90年代伴随着企业年金的建立与发展就已经开始，先后颁布实施了一系列的法规与文件，为企业年金的运行与监管提供了基本的依据。我国出台了两个试行办法，也进行了相关的规定，尽管相关部门联合出台了一些监管法规，但规定都是分散的，没有统一性与系统性的安排，没有一部完整的《企业年金法》，对监管进行规定的主要是人力资源与社会保障部的相关法令，法律约束力有限，企业年金投资动作的特点决定了对于企业年金监管的法律应该是全方面与系统性的，而我国目前分散立法的现状显然不能从法律建设层面上满足对年金监管的需要。

（2）政府监管主体之间协调机制尚未理顺。企业年金的监管法规在实际操作中对于各资金投资管理主体的分工没有明确的规定，造成投资管理主体之间独立性不强。加之企业年金市场有财政、税务、社会保障以及专业的监管部门等多个主体，但这些主体间的监管职责缺乏明确的界定，责权划分不够明晰，监管空白与监管重叠并存，监管出现漏洞与监管不力时，往往出现推诿扯皮现象。多个监督主体又没有形成有效的监管协调机制，企业年金被挪用与占用的情况屡见不鲜。

（3）监管技术落后。企业年金监管存在的问题还有监管技术与人员素质方面欠缺，我国对企业年金的监管方式过分依赖于行政审批与现场监管，手段陈旧，常规的方式为收益情况—分析报告—审核—批复等，没有形成监管网络系统，实时监控能力差，没有发挥好社会监管力量。在人员素质方面也存在着与监管要求的差异，监管的复杂性与监管的难度对于监管人员要求其具备宏观经济政策分析能力、社会保障制度知悉能力，并且还应具备财务管理、金融投资、信息管理以及法律知识与技能，但目前我国的监管人员综合能力并不强，忙于监管资格的收集与上报，工作效率低下，专业素质和工作方式与专业的投资监管人员存在着较大的差距。

4. 企业年金具体投资运营过程中存在的问题

由于中国资本市场以及监管水平所限，为了保护受益人利益，国家对企业年金基金的投资领域、品种和比例都做了严格的规定。虽然这在一定程度上保证了企业年金的安全，但从长远来看，使企业年金基金的保值增值面临着较大的压力，单一的投资渠道也不利于通过多元化资产配置来分散风险，资金的收益能力有限，难以应对通货膨胀压力，达不到企业年金起到养老保险功能的目的。

（1）严格的投资比例规定减弱了多元化资源配置。当前我国对于企业年金投资渠道与投资比例的限制是比较严格的，《关于扩大企业年金基金投资范围的通知》明确了各投资产品的比例，并且对于单项进行限制，如规定"单个企业年金计划基金资产,投资商业银行理财产品型、信托产品型、基础设施债权投资计划型、特定资产管理计划型养老金产品,以及专门投资组合的比例,合计不得高于企业年金计划基金资产净值的30%。其中,投资信托产品型养老金产品及信托产品型专门投资组合的比例,合计不得高于企业年金计划基金资产净值的10%"。虽然对于企业年金的各投资渠道与工具做了明确的比例规定,但其并没有对自我投资进行限制,在企业年金发达的国家都对自我投资有明确的限制规定,如美国规定不得超过10%。我国建立企业年金的大企业,往往都存在自我投资情况,若不对自我投资加以约束,将不利于多元化分散风险,一旦企业经营发生危机,将会使受益人的利益严重受损,美国安然公司的倒闭便是前车之鉴。

(2)投资运营缺乏风险防范管理。投资风险补偿机制尚待完善,我国对于企业年金投资风险补偿机制已做了有益的尝试,如在《企业年金基金管理办法》中规定投资管理人提取20%的管理费作为风险准备金,用作企业年金基金发生投资亏损的补偿。但并没有对最低收益标准、补偿顺序、补偿金的具体来源以及风险准备金计提的基数进行详细说明。我国的投资风险补偿机制尚待建设与完善。同时我国的风险防范管理面临着协同性差与投资风险分散机制欠灵活的问题,对企业年金的风险监管涉及财政、税收、社会保障以及中介机构等多个风险监管主体,尽管各个部门与主体都出台了相关的风险防范与监管法规,但缺乏统一协同性,使得企业年金基金投资运营的安全性得不到有效保障。关于投资风险的分散机制,我国的主要做法便是通过严格限制企业年金的投资渠道与投资比例来完成,缺乏灵活性的投资机制一方面不能很好地通过多元化投资策略来分散风险,提高收益;另一方面这种限制方式也不能很好地应对变化着的市场经济形势。

(3)投资运营过程信息披露机制不完善。我国对企业年金基金的信息披露制度没有系统的相关规定,只在一些政策文件中对企业年金基金的财务信息披露进行了相关的规范,披露机制还不规范。首先,信息披露在内容与形式的规定上比较笼统。在内容上,我国对企业年金规定的仅为财务状况与运行成果,而对于如企业年金的预算执行情况、基金的收支详细情况、年金投资收益等信息,都没有反映。对于企业年金基金,看重的主要是年金的资产负债表与净资产变动表,而这些载体是不能反映上述的其他所需披露的相关信息的。在形式上,各个主体向受托者提交的管理报告是以什么格式显示,具体包括的内容等都没有详细的规定,这就会给各投资运营主体以较大的信息披露空间以自由裁量，使他们选择性地进行信息披露，不报或少报不利会计信息，其次便是各主体自愿披露信息的积极性不高，且没有相关的强制性制度规定，企业年金投资运营也存在委托代理风险，委托人与受益性往往都处于信息的劣势，而受托人、托管人、账户管理人与投资管理人，各自也有着自身的利益，致使投资管理人有选择性地报告或瞒报投资信息，这都就会损害到受益人的利益。

第三章 企业年金投资的目标与原则

一、企业年金投资目标

随着企业年金投资范围的进一步扩大,未来中国金融市场的发展将注入新的活力,新政策使企业年金的投资方向更加明确。企业年金作为养老资产,其对安全的偏好特征非常明显,在考虑通货膨胀与经济增长的前提下,确保年金资产的实际购买力不下降是基本目标;同时,为了保证长期稳定增值,在承担较低可控风险的前提下,力争实现相对业绩基准的长期合理超额收益是比较现实的目标。因此,在确立企业年金基金的投资收益目标和业绩评估基准时,既要考虑委托人的风险承受能力,又要考虑现实的可操作性,使年金基金尽量在投资收益目标和风险承受程度之间达到平衡。同时,我们也必须关注适当的流动性,以较低的变现成本,满足预期支付和其他变现要求。这方面的主要影响因素就是年金计划的成员变动,即退休和离职的发生。

(一) 风险目标

风险是指未来收益的不确定性。风险目标与投资者风险承受力有关,风险承受力包括投资者承担风险的意愿和能力。企业年金基金承担风险的意愿有时会与其能力不匹配,这就需要受托人、投资管理人、投资顾问从风险收益原则的角度出发对企业和职工进行教育,使其把风险承担意愿和风险承受能力有机结合起来,形成恰当的风险目标。风险承受能力和水平,是企业年金基金投资政策必须明确的内容。

在确定企业年金基金风险承受力时，需要从以下几个方面进行考察：①企业和职工的投资风险偏好。风险偏好是决定风险目标的主要因素，不同的企业以及不同的职工群体有着不同的风险偏好。一般来说，风险偏好型的委托人具有较高的风险承受能力，风险厌恶型的委托人则投资风险承受能力较弱。②企业员工的年龄结构特征，包括员工的在岗年龄水平、年龄构成、在职员工与退休员工的比例。职工的平均年龄越年轻，在职员工占员工总数的比例越高，则企业年金基金风险承受力越强；反之，企业年金基金风险承受力越弱。③企业财务状况和盈利能力。财务状况和盈利前景良好的企业，未来企业年金缴费能力较强，其风险承受力也较强。④企业年金计划的流动性需求，即年金基金转移、支出需求。企业年金个人账户转移和年金待遇支付需求严重影响年金基金规模，流动性需求大则企业年金基金风险承受力较弱。反之则反。

（二）收益目标

企业年金作为一种长期完全积累型的养老金制度，其管理的核心是实现企业年金资产的保值增值，保证企业年金管理的可持续性，并且努力在可持续性基础上获取客观的收益。企业年金基金的投资收益目标可以用期望收益率来表示。期望收益不能脱离市场状况和投资能力的约束，企业年金基金的投资期望收益率并非越高越好，高收益必然伴随高风险，过高的投资收益目标，有可能对投资管理人形成风险激励，给企业年金的投资带来潜在风险。适当的投资收益目标是企业年金投资管理所必需的，只有适当的投资收益目标，才能保证企业年金基金的保值增值，从而使企业年金基金受益人在退休时获得较高的退休金替代率。

一般来说，企业年金基金从募集到进行待遇支付平均要30年左右的时间，这么长的时间跨度使得企业年金资产必然面临着通货膨胀所导致的购买力下降风险。在这种情况下，如果企业年金不能通过有效地投资来获取稳定增值从而抵御通货膨胀的话，等到待遇支付日实际参与人的福利待遇就会下降，从而违背了企业年金投资运作的初衷。所以说，企业年金基金的保值增值必须考虑物价指数的影响，战胜通货膨胀以消除购买力下降的风险是其最基本的投资收益目标。

(三) 投资基准

投资基准可以作为投资目标的一种具体表现形式，也是投资目标的一项具体内容。投资基准需要与投资目标相一致，反映出投资风险收益目标特征。

投资基准实质上就是投资目标的具体表现形式，一般分为两大类：第一类业绩基准是绝对指标，通常为主动投资所常用，可以反映出投资管理人的市场时机把握能力和证券选择能力。已知参加年金计划的职工平均到退休的年限、现在可投资的金额、在未来可投资的金额、退休所需的平均金额等，可以计算出需要每年多少投资收益率来满足委托人的投资目标，此即绝对基准指标。第二类业绩基准是相对指标，即指数。指数反映了选定的若干证券的综合表现水平，通常为被动投资所采用，可以反映投资管理人跟踪标的指数的能力。一般情况下，投资基准可以参考某个市场通用指数或几个市场通用指数的加权。企业年金通常可以选择如同期银行存款利率、债券指数、通货膨胀率、企业年金指数等作为企业年金基金投资的业绩基准。投资基准既是企业年金基金投资的目标，也是企业年金投资绩效评估的依据。

二、企业年金投资原则

(一) 风险收益权衡原则

风险收益原则即要求企业年金投资人在年金的运营活动中必须保持年金投资收益和风险的匹配，在保证本金安全的前提下提高资产的收益。风险和收益之间存在一个权衡关系，投资人必须对收益和风险作出权衡。要想获取较高报酬就要承担较大投资风险，或者为降低风险而接受较低的报酬。合理配置企业年金的投资组合，力争实现年金投资的风险最小化与收益最大化，最大限度保障投资人的权益。此外，在风险收益权衡原则下，还要考虑投资期限约束问题。企业年金基金投资期限越长，投资的风险承受能力越强，对投资收益率的要求就越高。反之，企业年金基金投资期限越短，风险承受力就越弱，投资收益也就越低。

（二）投资分散化原则

不要把全部资产投资于同一个项目，而要分散投资。依据马柯威茨的投资组合理论，若干种股票组成的投资组合，其收益是这些股票的加权平均数，其风险要小于这些股票的加权平均风险，所以投资组合能降低风险。分散化原则具有普遍意义，不仅适用于股票投资，对于企业年金投资也都适用，甚至公司各项决策都应遵循分散化原则，以降低风险。企业年金新政的出台，对投资分散化做了较好的规定，包括同类别资产的投资比例的限制、单一资产投资比例的限制等。分散化原则不仅可以规避非系统风险，还可以体现投资管理人的资本管理能力和增值服务能力。

（三）流动性原则

资产的流动性是指资产的变现能力。衡量资产流动性的标准有两个：一是资产变现的成本。某项资产变现的成本越低，该项资产的流动性就越强。二是资产变现的速度。某项资产变现的速度越快，则该项资产的流动性就越强。由于企业年金的特殊属性，在投资时首先要保证本金的安全，因此，这就要求年金投资管理人调整好资产结构，保持适度的流动性，以便在遇到市场风险或冲击时，资产要能够很快地变现，保证年金资产的安全。但是较高的流动性，同时也意味着较低的收益。

（四）货币时间价值原则

货币的时间价值是指货币在经过一定时间的投资和再投资后所增加的价值，一般用无风险和无通货膨胀条件下的社会平均资金利润率来加以衡量。企业年金在进行投资选择时必须要考虑货币的时间价值因素。由于企业年金基金的所有人在委托投资时，基金的所有权与使用权产生了分离，基金所有人让渡资金使用权从而需要补偿。另外，年金基金可能直接或间接地投入生产中进行循环和周转，从而实现年金资产的增值，随着时间的延续，循环和周转次数越多，货币的时间价值也就越大。年金基金如果闲置是存在机会成本的，而且还可能随着通货膨胀贬值。因此，树立货币时间价值观念对于资金的合理使用和提高投资的经济效益具有十分重要的意义。

（五）审慎性原则

法律法规对企业年金的限制是企业年金投资的一个刚性约束，尤其是新法规的出台，对企业年金基金的投资范围、每类资产的投资比例等都做了严格的限制，作为年金受托人和管理人在制定投资策略和进行战略资产配置时应严格遵循这些规定。此外，企业年金基金还需要考虑委托人和受益人的特定投资要求，如投资人可能会要求企业年金禁止投资于高污染、高耗能行业等，受托人须根据委托人的要求，明确年金基金运作中的限制条款，进而完成年金基金的投资策略和战略资产配置。

第四章 企业年金投资工具

根据2011年5月1日起施行的《企业年金基金管理办法》（即人社部11号令）的规定，企业年金基金财产限于境内投资，投资范围包括银行存款、国债、中央银行票据、债券回购、万能保险产品、投资连结保险产品、证券投资基金、股票以及信用等级在投资级以上的金融债、企业（公司）债、可转换债（含分离交易可转换债）、短期融资券和中期票据等金融产品。对于"非标"产品的投资并未涉及。随着保险资金投资限制的放宽，何时放开企业年金对"非标"资产的投资成了市场关注的热点。由于企业年金基金肩负养老保障的特性，受人社部和保监会的共同监管，因此投资新政的出台更为谨慎。

2013年3月，人社部联合证监会、银监会和保监会发布了《关于扩大企业年金基金投资范围的通知》，进一步将企业年金的投资范围扩大到商业银行理财产品、信托产品、基础设施债权投资计划、特定资产管理计划和股指期货，从而打开了企业年金投资"非标"产品的大门。本章将对企业年金各类可选投资工具进行详细的分析论证，为了突出新政策下投资工具的特性，本章将新政之前的可选投资工具称为传统投资工具，以区别新加入的可投资工具。

一、传统投资工具

（一）货币类投资工具

我国的货币市场由同业拆借市场、票据贴现市场、可转让大额定期存单市场和短期证券市场等多个子市场构成，是投资者短期投资、融资和流动性管理的重要场所。目前，我国银行间同业拆借市场以信用拆借、债券回购和现券（国债、央行票据、政策性金融债）买卖三种投资工具占主导，上海证券交易所和深圳证券交易所的国债回购也在货币市场中占据一定规模。

货币市场上的投资工具均为短期的（期限一般短于1年）、高流动性和低风险的投资品种，但各种投资工具有着不同的风险收益特征，企业年金基金投资应该根据投资策略的要求对各种货币市场工具进行配置，以降低风险、提高收益。

2011年新修订的《企业年金基金管理办法》规定，企业年金投资银行活期存款、中央银行票据、债券回购等流动性产品以及货币市场基金的比例，不得低于投资组合企业年金基金财产净值的5%；清算备付金、证券清算款以及一级市场证券申购资金视为流动性资产；投资债券正回购的比例不得高于投资组合企业年金基金财产净值的40%。而《关于扩大企业年金基金投资范围的通知》中进一步规定，企业年金投资银行活期存款、中央银行票据、一年期以内（含1年）的银行定期存款、债券回购、货币市场基金、货币型养老金产品的比例，合计不得低于投资组合委托投资资产净值的5%；清算备付金、证券清算款以及一级市场证券申购资金依旧视为流动性资产。

1. 银行活期存款

银行活期存款无须任何事先通知，存款户即可随时存取和转让，是商业银行的重要资金来源，在整个货币体系中具有较强的派生能力。企业年金基金投资银行活期存款的风险较低、流动性强，但是，由于我国实行存款利率上限管制，银行活期存款的投资收益容易受经济周期的影响。自1996年我国开始实施利率市场化改革以来，依据"先外币、后本币，先贷款、后存款，先长期、后短期，先大额、后小额"的思路，我国逐步放开了货币市场和债券市场利率，为了扩大金融机构的自主定价权，进一步优化金融资源配置，强化利率在宏观调控中的作用，中国人民银行于2013年7月放开了贷款利率管制，但存款利率仍旧实行上限管制。

根据普华永道发布的《银行业快讯：2013年中国十大上市银行业绩分析》显示，2013年末我国十大上市银行的存款总额为65.07万亿元，其中大部分是定期存款，只有10万亿元是活期存款。从图4-1可以看出，自1993年7月以来，我国活期存款利率一路走低。相比近年蓬勃发展的各种互联网金融产品及理财产品（如余额宝、华夏理财通等），银行活期存款的吸引力逐渐下降。

第四章 企业年金投资工具

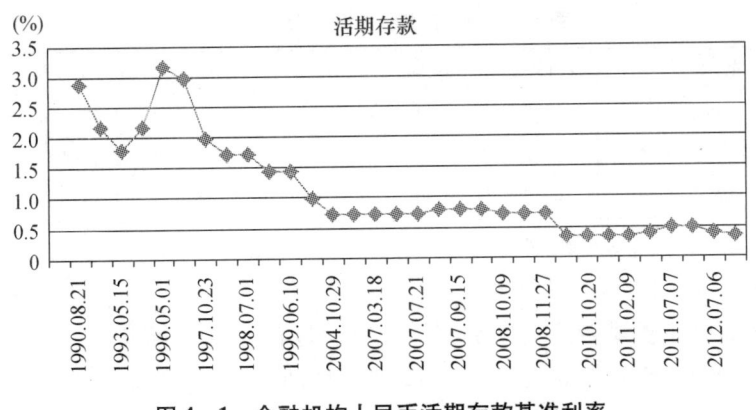

图4-1 金融机构人民币活期存款基准利率

企业年金基金投资银行活期存款主要是为了保证企业年金资金池的流动性。由于我国目前存款利率还未完全市场化，活期存款收益又较低，对于企业职工年龄偏低、企业年金支付额度较小的企业年金基金，在保持适度流动性的前提下，应将更多的资金投资于收益较高的其他资产。而且，活期存款投资，并不能体现企业年金基金投资管理人的专业投资能力，不能充分发挥企业年金基金投资的制度优越性。

2. 货币市场基金

与其他类型的开放式基金不同，货币基金主要投资于协议存款、短期国债、回购等流动性较高的工具，收益相对稳定，安全性也比较高，具有"准储蓄"的特征。在通常情况下货币市场基金既能获得高于银行定期存款利息的收益，又能保障本金的安全，而且没有利息税，随时可以赎回，一般在申请赎回的第二天资金即可到账。所以对于企业年金来说，在选择流动性资产时可以将货币基金作为活期存款的替代，既能保证适度流动性又可获取高于活期存款的收益。

按参与资金的规模划分，货币基金可分为A类和B类两种类型：A类供中小投资者投资，申购起点较低，一般为100份或其整数倍；B类供机构和大额投资者投资，申购起点较高，一般为100万份或其整数倍（见表4-1）[①]。

---

① 随着基金管理公司和银行等其他金融机构合作的深入，货币基金的申购和赎回规定在不断地创新。

表 4-1　历年货币市场基金收益情况　　　　　单位:%

名称	2013年	2012年	2011年	2010年	2009年	2008年
货币市场基金	3.95	4.01	3.55	1.83	1.44	3.53
货币市场基金（A类）	3.87	3.95	3.48	1.79	1.41	3.53
货币市场基金（B类）	4.07	4.14	3.69	1.93	1.54	3.54

资料来源：银河证券基金研究中心。

根据银河证券基金研究中心统计的数据显示，2013年末货币市场基金资产净值合计达7475.92亿元，比2012年末增加了1753.52亿元，同时占全部基金资产净值的比重也由2012年的19.96%上升到了2013年的24.9%，货币市场基金规模的不断扩大，为市场提供了更好的流动性管理方式，非常适合追求低风险、高流动性、稳定收益的企业年金基金投资。

3. 央行票据

央行票据即中央银行票据，是中央银行为调节商业银行超额准备金而向商业银行发行的短期债务凭证，其实质是中央银行债券。作为中央银行调节基础货币的政策工具，央行票据期限一般都比较短，从已发行的央行票据来看，期限包含3个月期、6个月期、1年期和3年期，其中以1年以内的短期品种为主。中央银行一般会根据市场状况，采用利率招标或价格招标的方式交错发行。央行票据发行对象为公开市场业务一级交易商，个人不能直接投资。2014年我国公开市场业务一级交易商共有46家[1]，包括商业银行、政策性银行、证券公司等。央行票据发行后可以在银行间债券市场上市流通，银行间市场投资者均可像投资其他债券品种一样参与央行票据的交易，包括现券交易和回购。

现有国债和金融债期限均以中长期为主，缺少短期品种，央行票据的发行，改变了以往只有债券这一种操作工具的状况，增加了央行对操作工具的选择余地。引入中央银行票据后，央行可以利用票据或回购及其组合，进行"余额控制、双向操作"，对中央银行票据进行滚动操作，增加了公开市场操作的灵活性和针对性，增强了执行货币政策的效果。

从2003年4月22日开始，中国人民银行基本固定于每周二发行两期中央

---

[1]　具体名单参见中国人民银行网站（http://www.pbc.gov.cn/）。

银行票据，2013 年发行了 16 期央行票据共计 5362 亿元，其中短期 1140 亿元，长期 4222 亿元（见表 4-2）。就短期限的品种而言，近年央行票据发行量大规模减少，作为替代品的短期融资券以及中期票据成交量出现放量，主要原因是 2010 年政府主要通过发行央行票据回收流动性，2011 年伴随着一二级市场利率倒挂，该方法已经实质性失效，站在央行角度，提高存准率成为主要的流动性挟制措施。站在市场角度，收益率水平较高的同期限短期融资券及中期票据成了高通胀背景下流动性要求较高投资者的较好选择。

表 4-2 历年央行票据发行量   单位：亿元

期限\发行量\年份	2008	2009	2010	2011	2012	2013
发行量	42960	50470	42350	14140	0	5362
央行票据：3 个月	12230	41730	16630	5350	0	1140
央行票据：6 个月	735	0	0	0	0	0
央行票据：1 年期	20315	8740	15380	7550	0	0
央行票据：3 年期	9680	0	10340	1240	0	4222

注：2012 年央行票据发行暂停。
资料来源：Wind 资讯金融终端。

企业年金基金投资央行票据，投资风险与国债、银行存款的投资风险基本相同，都有国家的隐性担保，基本没有信用违约风险。央行票据是中国人民银行调控货币供应量的公开市场操作手段，发行时期、周期、利率都是变化的，受货币政策的影响较大，发行利率一般采用招标方式，根据市场资金供求变化而变化。

4. 债券回购

债券回购业务实质上是以债券为质押的短期融资。正回购方以债券作质押，取得资金；而逆回购方接受债券质押，借出资金。债券回购有质押式（封闭式）回购和买断式（开放式）回购两种类型。买断式回购中债券的所有权发生了实质性的转移，资金融出方对债券有自由处置的权利，相对于质押式回购，买断式回购的灵活性更大，能够促进市场的流动性并在客观上引入了做空机制，同时投资人也可以利用开放式回购进行短期融资，平衡头寸，并且便于控制风险。

债券回购以年利率作为报价单位。目前，我国存在两个回购市场，一是银行间债券交易市场，通过全国同业拆借中心电子网络询价、成交和双边清算；二是上海和深圳证券交易所的国债回购交易市场，实行电脑撮合、集中交易和集中清算。交易所回购市场的交易量和托管债券数在1997年后由于商业银行停止在交易所回购和现券交易而有所减少。银行间债券回购市场经过10多年的发展，广度和深度不断拓展，市场规模增长迅速，年度成交量从1997年的309.87亿元，增加到2013年的158.2万亿元，占银行间市场拆借、回购和现券总成交额的67.23%（见图4-2）。

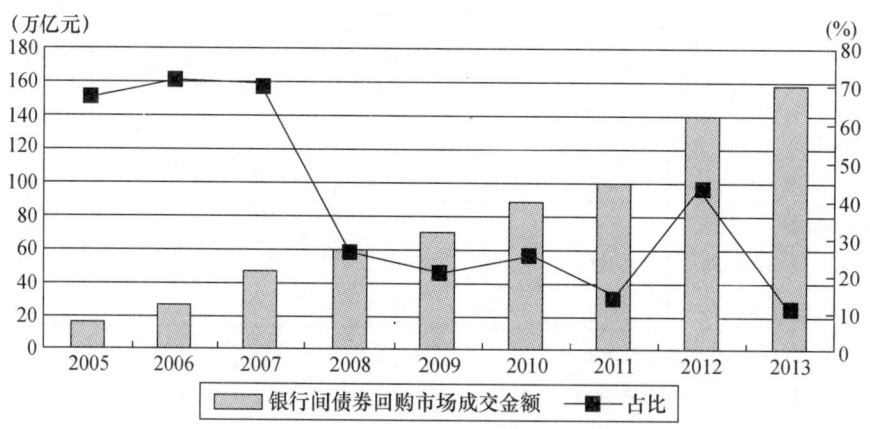

图4-2 银行间债券回购市场成交金额及占比

资料来源：全国银行间同业拆借中心。

2013年，货币市场利率波动幅度加大，利率中枢上移明显。2013年12月，质押式回购加权平均利率为4.28%，较上年同期上升166个基点；同业拆借加权平均利率为4.16%，较上年同期上升155个基点（见图4-3）。目前，债券回购市场已经成为市场参与者进行短期融资、流动性管理的主要场所，银行间回购利率已成为反映货币市场资金价格的市场化利率基准，为货币政策的决策提供了重要依据，在利率市场化进程中扮演重要角色，在整个经济金融体系中的基础性作用日益凸显。

债券是一种在一定时期内不断增值的金融资产，而债券回购业务能提高闲置资金增值能力，而且作为抵押的债券均为剩余期限在5年以上的3A级金融债或企业债，它具有安全性高、流通性强、收益理想等特点。从图4-3可看出，债券回购利率远高于同期银行活期存款利率水平，而且债券回购交易在初

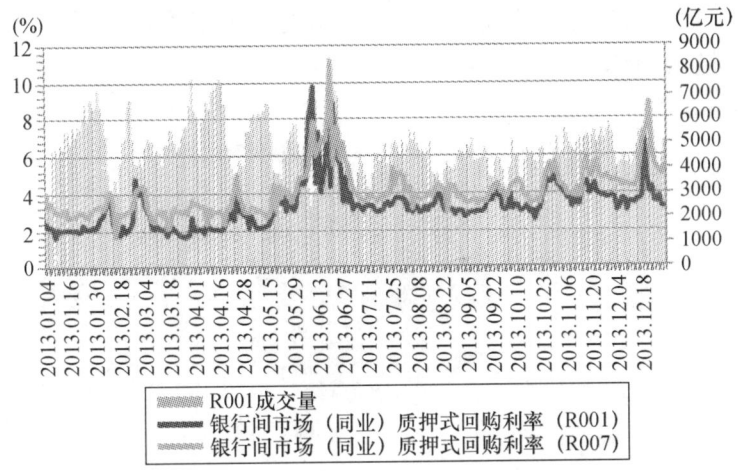

图 4-3 2013 年银行间市场（同业）质押式回购利率

资料来源：Wind 资讯金融终端。

始交易时收益早已基本确定，成交之后将不再承担价格波动的风险。从这种意义上说，债券回购交易类似抵押贷款，但它不承担市场风险。因此，对于企业年金来说，当存在过多的流动性资产时就需要考虑其时间价值和机会成本，若将多余的流动资产投资于债券回购，不仅可以提高组合的收益，还可以避免组合的期限错配。

（二）传统固定收益类投资工具

在固定收益产品中，固定收益证券占据了很大比例。固定收益证券是一大类重要金融工具的总称，一般是指持券人可以在特定的时间内取得固定的收益并预先知道取得收益的数量和时间，如固定利率债券、银行定期存款等。我国现有的固定收益证券品种大致有国债、金融债、有担保企业债、无担保企业债、混合融资证券等，鉴于企业年金投资范围的限制，这里我们主要研究的是一年以上风险较小的产品，如定期存款、中长期国债，以及信用等级在投资级以上的金融债、企业（公司）债等。

从现券发行和交易的品种来看，金融债、国债、中期票据、企业债、短期融资券 5 个品种是主要的交易品种，交易场所以银行间市场为主（见图 4-4）。截至 2013 年末，中国债券市场登记托管余额达 29.9 万亿元，较

2012年的26.2万亿元同比增长14.1%,其中银行间债券市场登记托管余额达到27.8万亿元,市场占比达93%(见表4-3)。

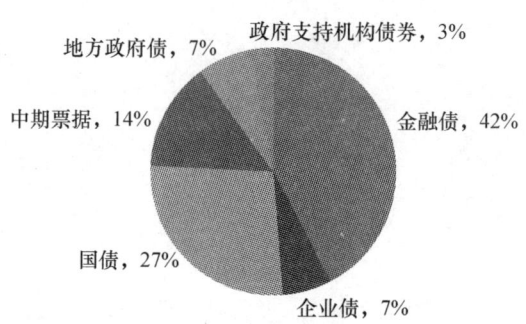

图4-4 2013年我国债券市场发行规模比较

表4-3 2013年中国债券市场托管规模统计

类别	数量(只)	其中:银行间	面额(亿元)	其中:银行间
国债	230	171	87043.4	78122.9
地方政府债	62	62	8616.0	8616.0
央行票据	16	16	5462.0	5462.0
政策银行债	432	432	86493.5	86493.5
商业银行债	70	70	3478.3	3478.3
商业银行次级债券	133	133	9509.7	9509.7
保险公司债	21	0	1261.0	0.0
证券公司债	38	1	1226.6	15.0
其他金融机构债	51	25	786.8	567.0
企业债	1603	1596	23317.5	23234.1
集合企业债	8	8	28.0	28.0
公司债	433		6538.5	
私募公司债	333		409.9	
中期票据	2322	2322	38305.5	38305.5
中小企业集合票据	85	85	190.8	190.8
短期融资券	962	962	9231.4	9231.4
超短期融资债券	130	130	4729.0	4729.0

第四章 企业年金投资工具

续表

类别	数量（只）	其中：银行间	面额（亿元）	其中：银行间
金融企业短期融资券	45	45	809.9	809.9
国际机构债	3	3	31.3	31.3
政府支持机构债	75	75	8800.0	8800.0

资料来源：Wind 资讯。

从存量来看，我国的固定收益类证券以国债、金融债、企业债和中期票据为主，商业银行次级债、短期融资券、政府支持机构债以及其他信用类债券正在快速扩张。

1. 定期存款与协议存款

我国定期存款的期限最短3个月，最长5年。一般来说，存款期限越长，利率就越高。目前，我国的定期存款利率实行的是上限管理，央行允许各家银行在基准利率的基础上上浮10%。定期存款可提前支取或部分提前支取，但提前支取按支取日活期储蓄存款利率计息，流动性较差。

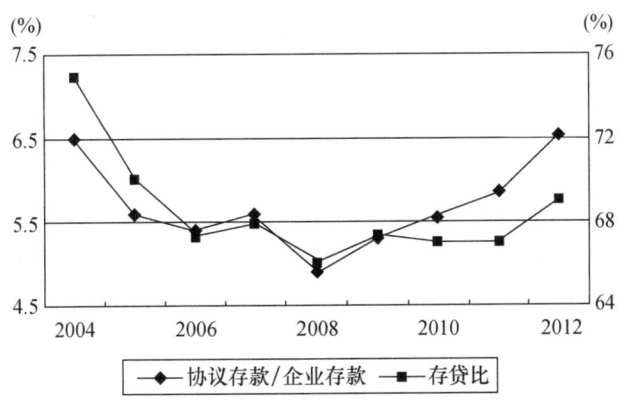

图4-5 协议存款与企业存款比及存贷比的比较

协议存款的存款期限一般较长，起存金额较大，利率、期限、结息付息方式、违约处罚标准等由双方商定，是针对部分特殊性质的中资金融机构如保险资金、社保资金、养老保险基金等开办的，可作为存款类金融机构的长期资金来源，不属于同业存款，应计入存贷比指标。促使商业银行吸收协议存款的主要因素是银监会的存贷比监管约束，因此存贷比的季节性效应主导了协议存款的季节性波动。

协议存款利率比较灵活，由协议双方事前约定，可选择固定利率也可选择浮动利率，一般以同期存款利率为基准，比同期银行定期存款利率高10%～15%（见图4-6）。受市场资金需求和价格影响较大，一般来说，市场资金面宽松时，协议存款的利率较低；市场资金面紧张时，协议存款的利率会攀升。

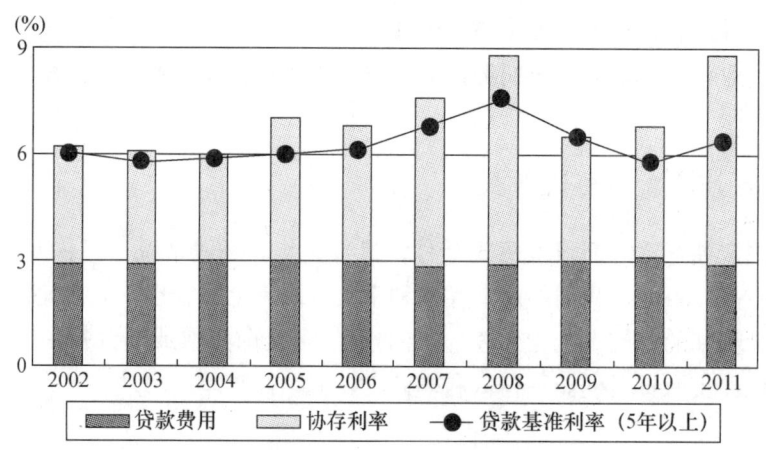

图4-6 协存成本与贷款基准利率对比

定期存款和协议存款也存在一定的风险。一旦吸纳存款的商业银行破产或倒闭，将可能无法收回存款。虽然有个别银行破产倒闭的先例，但相对来说，定期存款和协议存款受损的概率还是很小的，因为世界大多数国家都对银行存款采取了保护性政策。随着我国存款保险制度的建立，再加上政府的隐性担保，我国银行存款的风险几乎为零。目前我国的定期存款利率由中国人民银行统一规定一个基准利率，在上浮比例不超过10%的情况下，各商业银行可以根据基准利率制定自身存款利率。相对于定期存款，协议存款不失为一个更好的选择。企业年金在投资于协议存款时，除国有五大银行（工、农、建、中、交）外，其他股份制银行（如招行、浦发、广发、光大、华夏等）和地方城市商业银行等非系统重要性银行的协议存款，必须要求银行本身的资本充足率不低于11%，并且核心一级资本充足率不低于8%。对于其他银行的协议存款应该采取一事一议的方式，充分权衡风险与收益后，再做出投资决策。

2. 中长期国债

中长期国债是指期限在一年以上的国债，一般用于弥补政府的财政赤字，所筹集的资金主要用于一些公共项目建设及其他一些基础设施建设，而这些投资项目往往具有投资金额大、投资周期长等特点。因此，中长期国债的发行量在可流通国债中所占比重很高。我国的国债一般由财政部代表中央政府发行，由国家信誉作担保，安全等级高于其他债券，比较适合企业年金这类稳健型投资者（见图4-7）。

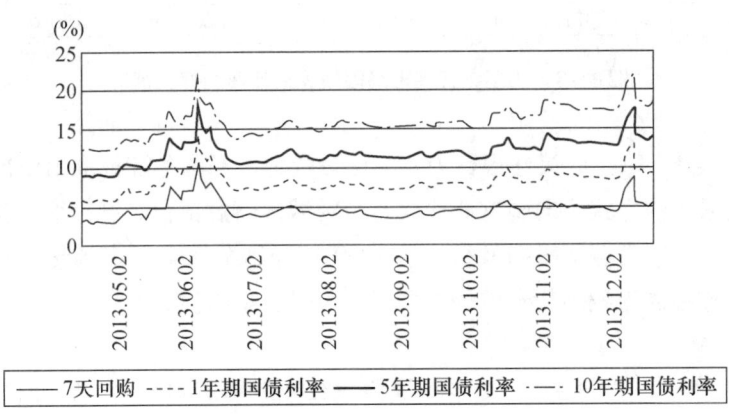

图4-7 2013年各期限国债利率走势

中长期国债的收益主要来自三个部分：发行者支付的利息、再投资收益以及买卖价差。理论上讲，国债有国家财政做担保投资风险最小，其收益应该低于同期银行存款利率，但实际上我国的国债投资收益率远高于同期存款利率，而且国债又享有税收优惠待遇，因此，中长期国债是我国企业年金投资组合的重要配置品种。与银行存款不同的是，中长期国债期限更长，流动性更强，更适合企业年金基金投资（见图4-8）。

3. 金融债券

我国的金融债券是指金融机构发行的债券，主要用来解决银行等金融机构的资金来源不足和期限错配问题。金融债券的资信通常高于其他非金融机构债券，违约风险相对较小，具有较高的安全性。我国的金融债券大多由政策性银行（国家开发银行、中国农业发展银行、中国进出口银行）发行，具有国债

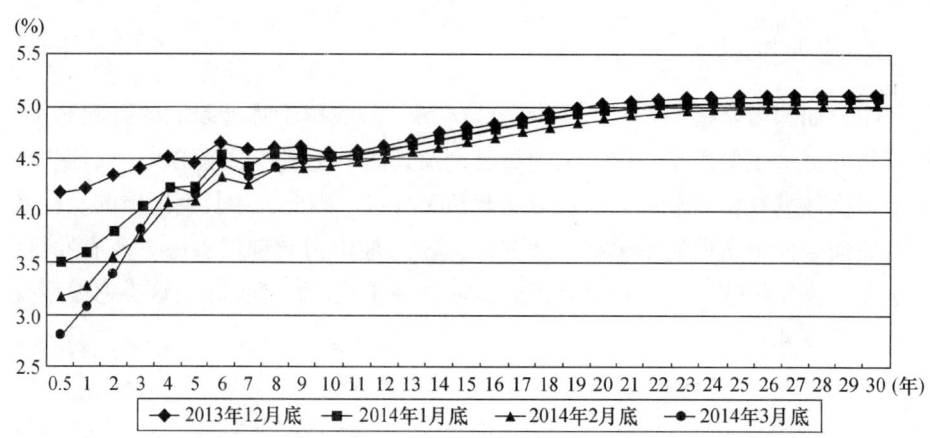

图4-8 我国银行间市场国债收益率曲线变化情况

性质(见表4-4)。政策性银行为筹集信贷资金,经国务院批准由中国人民银行用计划派购的方式,向国有商业银行、区域性商业银行、城市商业银行、农村信用社等存款类金融机构发行,从1999年开始全面实行市场化招标发行方式,使该券种成为我国债券市场中发行规模仅次于国债的券种。

表4-4 历年我国政策性金融债券发行情况　　　　单位:亿元

时间	政策性银行债	国家开发银行	中国进出口银行	中国农业发展银行
2008	10809.3	6200.0	1793.7	2815.6
2009	11678.1	6700.6	1963.7	3013.8
2010	13192.7	8500.0	1892.7	2800.0
2011	19972.7	11550.0	3950.0	4472.7
2012	21400.0	12250.0	4500.0	4650.0
2013	19960.3	11435.8	4100.0	4424.5

资料来源:Wind资讯金融终端。

2013年,我国政策性金融债的发行规模达19960.3亿元,连续三年占到整个债券市场发行量的27%以上,成了我国固定收益市场重要的组成部分。除政策性银行之外,近年我国商业银行及非银行金融机构也开始大量发行金融债券(见表4-5)。

表4-5 我国商业银行及非银行金融机构金融债发行情况

时间	商业银行金融债		非银行金融机构债券	
	发行数量（只）	发行规模（亿元）	发行数量（只）	发行规模（亿元）
2008	27	974.0	0	0
2009	43	2846.0	8	225
2010	22	929.5	5	50
2011	34	3518.5	1	10
2012	34	3933.7	12	421
2013	57	1117.0	11	189

资料来源：Wind 资讯金融终端。

金融债有固定利率、浮动利率和累进利率三种类型，我国发行的金融债券以长期固定利率为主。由于银行等金融机构在一国经济中占有较特殊的地位，政府对它们的运营又有严格的监管，因此，金融债券的资信通常高于其他非金融机构债券，违约风险相对较小，具有较高的安全性。所以，金融债券的利率通常低于一般的企业债券，但高于风险更小的国债和银行储蓄存款利率。对于风险承受能力较低的企业年金基金来说，选择金融债券投资一方面可以提高基金收益，另一方面又避免了信用违约的风险，这是因为我国金融债券的发行主体一般都具有准政府信用性质。

4. 企业（公司）债

由于只有股份公司才能发行企业债券，所以在西方国家，企业债券即公司债券。从企业债券定义本身而言，与公司债券定义相比，除发行人有企业与公司的区别之外，其他都是一样的。这里我们将企业债券和企业发行的债券合在一起，统一称为企业债券。根据不同的分类标准，企业债券可以分为很多种类（见表4-6）。

表4-6 企业债券的分类

分类标准	类别
债券期限	短期企业债券、中期企业债券和长期企业债券
债券有无担保	信用债券、担保债券
债券票面利率是否变动	固定利率债券、浮动利率债券和累进利率债券
债券是否记名	记名企业债券、不记名企业债券

续表

分类标准	类别
债券可否提前赎回	可提前赎回债券和不可提前赎回债券
发行方式	公募债券、私募债券
投资者是否具有选择权	附有选择权的企业债券、不附有选择权的企业债券

注：我国短期企业债券的期限一般为1年以下，中期企业债券的期限为1年以上5年以下，长期企业债券的期限为5年以上。

2013年我国共发行企业债券374只，募集资金4752亿元，其中中央企业债券473亿元，地方企业债券4275亿元。发行公司债不足100只，共募集资金1300多亿元。从图4-9和图4-10中可以看出，我国企业债和公司债的发行规模、净融资总额等不断增大，已成为市场上重要的融资工具。

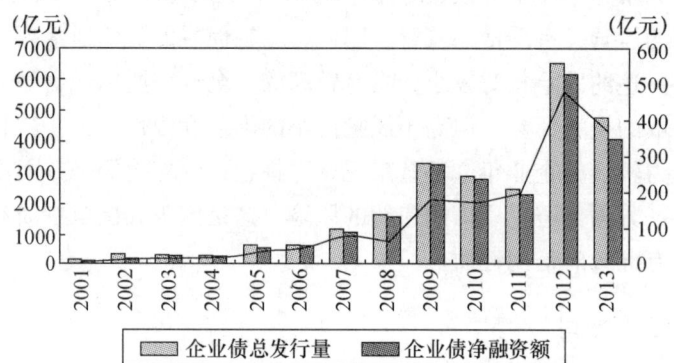

图4-9 2001~2013年我国企业债券（净）融资规模

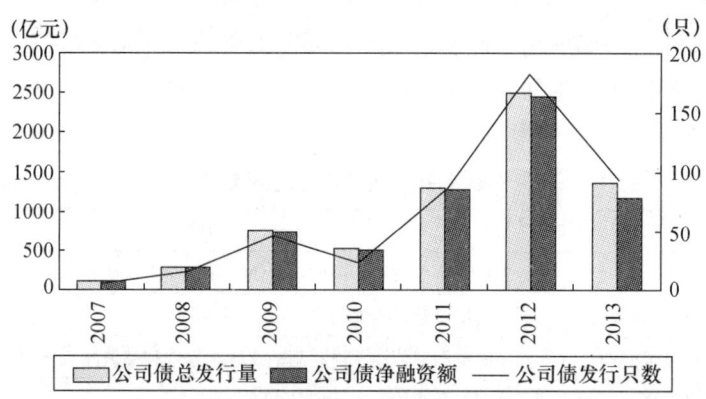

图4-10 2007~2013年我国公司债发行量与净融资规模

企业债的收益一般高于短期融资券和中期票据，公司债由于可以在交易所交易，其收益波动较大。对于无担保的企业债，存在逾期无法兑付等问题。

在选择企业债券进行投资时，了解债券资金所投项目非常重要，建设周期、管理效益、担保责任等都会影响到企业债券的到期兑付。由于评级制度不完善，发债企业信息没有全面、准确公开，投资人与企业之间存在信息不对称等问题。此外，地方政府的干预也会影响到企业债券的到期偿还。一般来说，企业债券的风险大于国债和金融债，但小于股票。因此，在企业年金基金投资企业债券时，要根据不同的策略组合，选择不同类别和信用等级的企业债券进行投资。

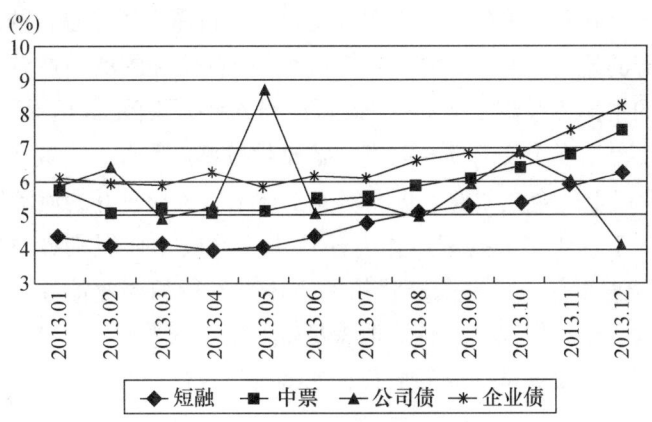

图4-11　2013年我国固定收益产品发行利率比较

企业年金在选择企业债券投资时，主要参考的指标有企业债券的评级，不同级别的评级对应着不同的收益率。我国的评级公司主要有大公国际、中诚信、新世纪、联合资信等，评级公司主要对发债主体和债项进行评级。在考虑企业年金的投资时，投资的企业（公司）债的发行主体评级应不低于AA级，其中以国企或具有国资背景的企业为主要考量，债项评级也应该不低于AA级，以防范违约的可能。截至目前，国有企业发行的企业债券还没有违约的记录，私营或民营企业发行的债券的违约时有发生，如11超日债的违约等。

表4-7 上交所公布的标准券上市交易后的折算率　　　　　单位:%

主体/债券评级	无担保	非足额担保	足额担保
AA-/AA	0	0	85
AA/AA	70	75	95
AA+/AA+	75	85	95
AAA/AAA	95	95	95

注：如主体评级和债项评级不一致，按低评级折算；上市后折算率为95%的债券上市首日为91%。

资料来源：上交所网站。

从流动性方面来考虑，表4-7为上交所公布的公司债券质押折算率（质押折算率表示100元面值的债券可以在交易算进行债券质押融资的比率，可以粗略表示债券的流动性），质押折算率越高，企业债券的流动性越好。我们看到只要债券的主体评级高于AA-（或者达到AA-且有足额担保），该债券就可以在债券上市后在上交所质押融资，流动性较好。因此，企业年金投资主体评级AA级及以上的企业债券不仅相对安全还可以保持较好的流动性。

综上，对于企业年金投资运作者建议主要投资主体级别在AA、AA+和AAA的国有企业发行或具有国资背景的主体所发行的企业债券，其投资收益率、信用风险、流动性都可以较好地满足企业年金的需要，当然其他个别有价值的债券也可以采取一事一议的形式，如特定债权计划等。

5. 可转换公司债

可转换公司债赋予债券持有人在一定期限内依照约定的条件，把一定份额的债券按约定价格转换成该公司股票的权利。从本质上讲，可转换债券是在发行公司债券的基础上，附加了一份期权，并允许购买人在规定的时间范围内将其购买的债券转换成指定公司的股票。可转换债券兼具股权和债权双重性质，对投资者来说是"有本金保证的股票"，比较适合企业年金进行投资。在可转换公司债转换为股票之前，其特征和运作方式与公司债券相同，也有规定的利率和期限，投资者可以选择持有债券到期，收取本息，也可以选择转换成股票，但在转换成股票之后，原债券持有人就由债权人变成了公司的股东，可参与企业的经营决策和红利分配，这也在一定程度上会影响公司的股本结构。

可转换债券一方面可以使投资者获得最低收益权，并且当期收益较普通股红利要高;另一方面比股票有优先偿还的要求权。可转换债券属于次等信用债券,收益比一般的信用债券要低,在清偿顺序上,同普通公司债、长期负债(银行贷款)等具有同等追索权利,但排在一般公司债券之后,同可转换优先股、优先股和普通股相比,可得到优先清偿的地位。可转换公司债实际交易价格一般要高于转换价值,因为有时间价值因素的存在,时间越长,可能交易价格越高。但是,随着可转换公司债的到期日临近,最终,交易价格和转换价值接近。如果出现了转换有利的形势,投资者可以通过实施转换获得更大利益,即"上不封顶,下可保底"。

可转换公司债的风险大于一般公司债券而小于普通股票。如果企业业绩增长没有实现的话,股价有可能不能增长到足够的水平来弥补可转换公司债持有人,在利息上相对于普通债券损失的机会成本。对于固定利率的可转换公司债,如果市场利率提高,可转换公司债价格下跌,其直接价值也将减少。可转换公司债投资的另一大风险是转股价调整风险,转股价调整可以因为公司增发、配股、交易规则和转股规则的变化,使转股价格走势不利于可转换公司债的持有者。

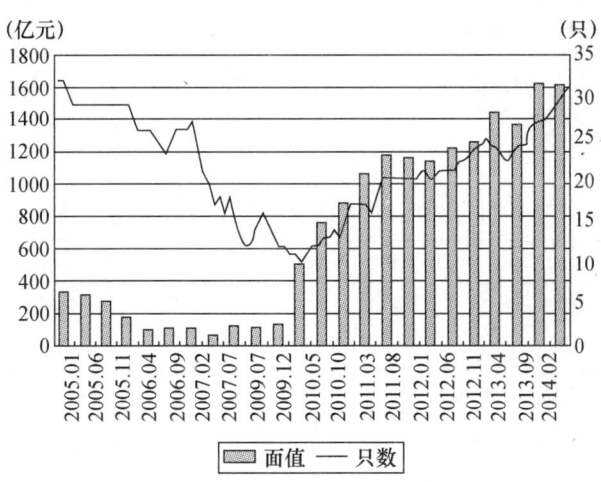

图4-12 可转换债券的发行规模和数量

由图4-12可以看出,近年来我国可转换债券发行规模明显扩大。从2005年1月的334.32亿元,扩大到2014年6月的1618.25亿元。但是从发行数量来看,并没有明显增加。也就是说可转换债券的可选品种比较有限。

企业年金基金投资可转换公司债时,要根据不同的经济形势和组合投资目标，在充分研究市场走势、转换时机、影响公司股价的各个因素的基础上，作出对企业年金基金最为有利的选择。

6. 短期融资券

短期融资券是由企业发行的无担保短期本票。在我国，短期融资券是企业依照《银行间债券市场非金融企业债务融资工具管理办法》的条件和程序在银行间债券市场发行和交易，并约定在一定期限内还本付息的有价证券，是企业筹措短期（1年以内）资金的直接融资方式。短期融资券发行利率较低、发行规模比较大，参与者多为银行间债券市场的机构投资者。

我国短期融资券的发展经历了"推出—退市—重启"的过程，目前短期融资券采用的是备案制，发行利率由市场决定，不需要银行的强制担保，但必须按规定进行信息披露，体现了市场化原则。由于短期融资券是无担保债务，因此风险比央行票据要大，发行条件比较严格。

自2008年金融危机以来，我国的短期融资券发行数量和发行规模不断扩大，发行数量由2008年的268只增加到了2013年的860只，扩大了3倍多。发行规模也由2008年的4331.5亿元增加到了2013年的8324.8亿元，占整个债券发行量的比例由2008年的0.6%上升到了2013年的11.12%（见表4-8）。

表4-8 我国历年短期融资券的发行数量及规模

时间	2013年	2012年	2011年	2010年	2009年	2008年
发行量（亿元）	8324.80	8659.47	8028.30	6742.35	4612.05	4331.50
发行个数（只）	860	811	611	442	263	268

资料来源：Wind资讯金融终端。

短期融资券的投资收益率高于活期存款利率甚至高于同期短期国债收益。但短期融资券投资面临着信用违约的风险。由于公司治理结构不规范，违规成本低，与企业财务状况紧密相连的风险提示处于空白状态。部分企业为了达到低成本融资的目的，对披露的财务数据、经营业绩进行一定的修饰，隐藏了一定的信用风险。如果现有制度安排中隐藏的信用风险得不到及时发现和披露，一旦市场扩容或经济环境变化，都会使信用风险迅速扩大。少数企业违约的信用风险有可能通过市场传导为系统风险，甚至影响整个金融体系的稳定。此

第四章 企业年金投资工具

外,滚动发行机制也隐含着"短债长用"的投资风险,加上我国信用评级体系不完善,评级标准不统一,存在道德风险和逆向选择风险。

当前中国经济处于转型阶段,信贷规模的收缩虽然导致部分企业的经营及资金周转不灵而出现信用风险,但我国实际经济增速依然远高于世界平均水平,未来随着经济的向好将带动企业违约风险的降低,因此,企业年金基金可适量配置信用评级较高的短期融资券,如 AA+以上级别的,以期在提高组合利率风险防御性的同时增强收益。

7. 中期票据

中期票据的期限通常在 5~10 年,是经监管当局一次注册批准后、在注册期限内连续发行的公募形式的债务工具,它的最大特点在于发行人和投资者可以自由协商确定有关发行条款,如利率、期限以及是否同其他资产价格或者指数挂钩等。中期票据一般为无担保、无抵押的纯信用证券,对税收敏感度较高,而对流动性敏感度较低。

我国仅有商业银行、信用社、证券公司、财务公司等机构投资者可以购买中期票据,商业银行是中期票据的主要投资者,未来年金、保险等中长期投资者对中期票据的需求将会更大(见表 4-9)。

表 4-9　不同期限的中期票据发行量　　　　　　　单位:亿元

发行量\年份\期限	1 年以下	1~3 年	3~5 年	5~7 年	7~10 年	10 年以上
2008	0	1075	642	20	993.9	0
2009	0	3211	3454	20	1700.38	0
2010	0	1275	2598	731	1551.4	0
2011	0	2302.6	4187.6	589.5	579	0
2012	0	2032.4	5161.9	862	1294	0
2013	0	1093.7	2328.4	660	582	70

从不同期限的中期票据发行量上看,主要集中在 1~5 年期限,5 年以上的发行数量较小。从发行利率上看,中期票据的发行利率主要集中在 6.0%~6.1%,发行期限与发行利率并不完全成正比。从图 4-13 中可以看出,期限

为2年的中期票据利率最低，而10年期利率最高。

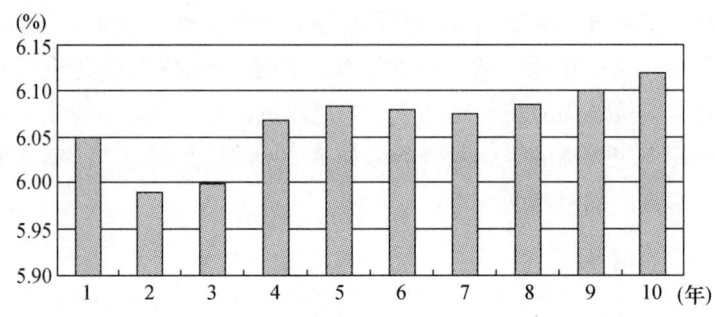

图4-13　2013年我国不同期限中期票据发行利率

由于中期票据在制定利率、期限等发行条款方面的灵活性，它为投资者提供了量体裁衣式的投资工具。企业年金投资基金作为大型的机构投资者，无疑在制定条款谈判方面具有优势。企业年金基金可以利用中期票据投资的这个优势，优化资金配置，调整投资结构，获取更高的投资回报。

8. 债券型基金

根据中国证监会对基金类别的分类标准，基金资产80%以上投资于债券的为债券型基金。在国内，债券型基金的投资对象主要是国债、金融债和企业债等固定收益类证券。债券基金与债券相同，期限跨度较大，短则1年，长则30年。通常，债券为投资人提供固定的回报和到期还本，风险低于股票和股票基金，所以相比股票基金，债券基金具有收益稳定、风险较低的特点。企业年金在选择债券基金投资时，一定要了解基金持仓和投资风格，在此基础上，才能较好地把握基金的风险收益特征，看是否满足年金的投资需求。

债券基金主要追求当期较为固定的收入，只有在较长时间持有的情况下，才能获得相对满意的收益。在股市低迷的时候，由于债券基金投资的产品收益都很稳定，相应的基金收益也很稳定，受市场波动的影响较小。但这也决定了其收益受制于债券的利率，不会太高。在股市高涨的时候，债券基金的收益也还是稳定在平均水平上，相对股票基金而言收益较低，在债券市场出现波动的时候，甚至有亏损的风险。

影响债券基金业绩表现的两大因素：一是利率风险。即所投资的债券对利率变动的敏感程度（即久期）；二是信用风险。由于债券基金的投资标的主要为固定收益债券,债券的价格又与利率成反比,所以一般用久期指标来衡量债券基金的资产净值对于利率变动的敏感程度。久期越长,债券基金的资产净值对利息的变动越敏感。与一般债券不同的是债券基金一般没有一个确定的到期日,不过为分析债券基金的特性,仍可以对债券基金所持有的所有债券计算出一个平均到期日,债券基金的平均到期日常常会相对固定,债券基金所承受的利率风险通常也会保持在一定的水平。单一债券的信用风险比较集中,而债券基金通过分散投资则可以有效避免单一债券可能面临的较高信用风险。

根据银河证券基金研究中心的数据,截至 2013 年末我国债券基金资产净值合计 4039.96 亿元,比 2012 年增加 233.34 亿元,占全部基金资产净值的比重由 2012 年的 13.28% 上升到了 2013 年的 13.46%。

表 4-10　历年债券基金收益情况对比　　　　单位:%

名称	2013 年	2012 年	2011 年	2010 年	2009 年	2008 年
债券基金	0.57	7.00	-3.06	7.12	4.94	6.70
长期标准债券型基金(A)	1.25	5.23	0.46	3.35	1.83	8.75
长期标准债券型基金(B/C)	0.04	3.23	2.35	3.42	1.45	7.76
中短期标准债券型基金(A)	2.04	5.50	1.75	1.57	0.65	5.41

资料来源:银河证券基金研究中心。

根据表 4-10 的数据可以看出,虽然债券收益是相对固定的,但债券基金也存在着亏损的可能性。根据计算,债券基金、长期标准债券型基金(A)、长期标准债券型基金(B/C)、中短期标准债券型基金(A)的平均收益率分别为 3.88%、3.48%、3.04%、2.82%,而波动率为 0.0940、0.0690、0.0587、0.0468。对于企业年金来说,考虑到其投资需求和风险收益偏好,投资长期标准债券型基金可能更为合适。

9. 万能保险

万能保险是指包含保险保障功能并至少在一个投资账户拥有一定资产价值的人身保险产品。万能保险除了同传统寿险一样给予保护生命保障外,还可以让客户直接参与由保险公司为投保人建立的投资账户内资金的投资活动,将保单的价值与保险公司独立运作的投保人投资账户资金的业绩联系起来。大部分保费用来购买由保险公司设立的投资账户单位,由投资专家负责账户内资金的调动和投资决策,将保护的资金投入各种投资工具上。对投资账户中的资产价值进行核算,并确保投保人在享有账户余额的本金和一定利息保障前提下,借助专家理财进行投资运作的一种理财方式。

万能保险具有较低的保证利率,这点与分红保险大致相同;保险合同规定缴纳保费及变更保险金额均比较灵活,有较大的弹性,可充分满足客户不同时期的保障需求;既有保证的最低利率,又享有高利率带来高回报的可能性,从而对客户产生较大的吸引力,提供了一个人一生仅用一张寿险保单解决保障问题的可能性。弹性的保费缴纳和可调整的保障,使它十分适合进行人生终身保障的规划(见图4-14)。

万能保险目前已经成为市场上较为热门的投资品种,近年来,各大保险公司发布了多款万能型养老保险产品,在保证利率之外,高于保底利率以上的收益保险公司与投资人按一定比例分享。综合来说,万能保险比较适合企业年金这类中长期资金进行投资,企业年金可以根据最低保证收益与银行活期存款利率作出权衡比较,决定保险费的投资份额或比例。在选择保险公司时,可以从保险公司的资产规模、信用状况、专业化水平等方面进行考察。

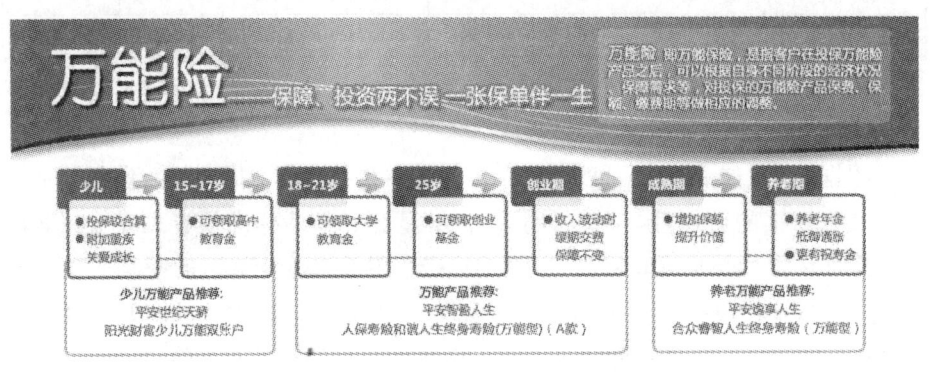

图4-14 不同生命周期阶段的万能险偏好特征

10. 投资联结保险

投资联结保险又称变额寿险,其最大的特点就是身故保险金和现金价值是可变的,它集保障和投资于一体。保障主要体现在被保险人保险期间意外身故,会获取保险公司支付的身故保障金,同时通过投连附加险的形式也可以使用户获得重大疾病等其他方面的保障。投资联结保险保障的范围、程度等因具体产品而异。投资方面是指保险公司使用投保人支付的保费进行投资获取收益,但投资收益具有一定的不确定性,保单价值将根据保险公司实际投资收益情况确定。与万能保险相比,投连险客户享有账户中的全部资金收益,保险公司不参与任何收益分配而只收取相应管理费用,同时客户要承担对应投资风险。投资联结保险不保证最低收益率,可能有较好的回报,也可能出现亏本的情况。

一般而言,投资联结险都会开设几个风险程度不一的投资账户供客户选择。如有的险种根据不同的投资策略和可能的风险程度开设有三个账户:基金账户、发展账户和保证收益账户,投保人可以自行选择保险费在各个投资账户的分配比例。基金账户一般采用较为激进的投资策略,通过优化基金指数投资与积极主动投资相结合的方式,力求获得高于基金市场平均收益的增值率,实现资产的快速增值,让投资者充分享受基金市场的高收益;发展账户一般采用较稳健的投资策略,在保证资产安全的前提下,通过对利率和证券市场的判断,调整资产在不同投资品种上的比例,采取主动投资方式力求获得资产长期、稳定的增长;保证收益账户一般采用保守的投资策略,在保证本金安全和流动性的基础上,通过对利率走势的判断,合理安排各类存款的比例和期限,以实现利息收入的最大化。此外,投保人还可以根据自身情况的需要,部分领取投资账户的现金价值,增加保险的灵活性。

截至2013年末,我国投连险总规模约为739亿元,具体到各家公司来看,最早开展投连险理财产品业务的中国平安以绝对的优势居首,账户规模合计达320.28亿元;泰康人寿凭借其口碑甚好的投资收益率水平,在账户规模排行中居次,规模合计达119.77亿元;信诚人寿位列第三,规模达57.50亿元。我国投连险市场竞争极其不充分,前三家保险公司的投连险市场规模占据了整个产品市场的74%,属于明显的寡头垄断市场(见图4-15)。

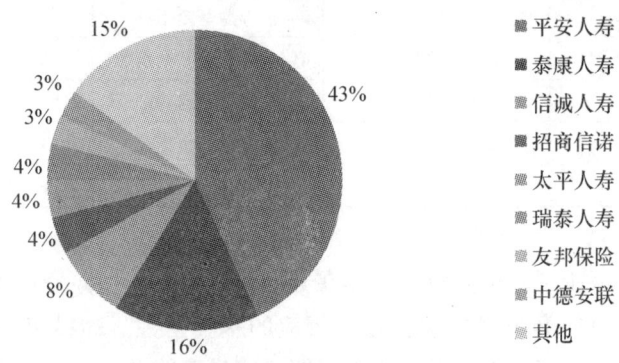

图4-15　2013年投连险账户TOP8占行业的比重

从投连险具体分类账户的规模来看,激进型账户具有绝对的规模优势,占据总规模的45%,权益投资比重较高的激进型账户拥有博取更高收益的可能,也是最能体现投连险管理水平的账户,因此各家保险公司几乎都覆盖了激进型投连险产品。市场份额排在次位的是混合保守型账户,占总规模的比例为26%,再次是混合激进型,规模占比为14%,而货币型、全债型和指数型账户的规模较小(见图4-16)。

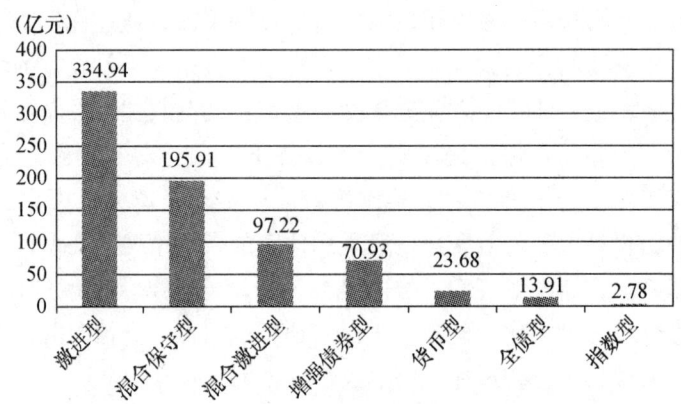

图4-16 2013年各细分投连险账户的规模汇总

表4-11 2013年投连险账户收益及可比指数基金产品收益 单位:%

投连险账户类型	2013年平均收益率	基金指数类型	2013年平均收益率
激进型	7.06	普通股票型基金指数	15.47
混合激进型	5.76	偏股混合型基金指数	12.73
增强债券型	1.24	债券型基金指数	0.98
混合保守型	1.09	偏债混合型基金指数	10.78
指数型	-7.22	指数型基金指数	-1.22
全债型	1.26	债券型基金指数	0.96
货币型	3.41	货币市场基金指数	3.64

如表4-11所示,保险资管公司在开办传统第三方保险资产与可比的基金指数相比,只有债券类账户收益超过相应的基金指数。2013年,共有191只投连险账户纳入排名体系,其中141只账户实现正收益。其中仅货币型账户全部获得正收益,指数型账户全部获得负收益。此外,58只激进型账户中有46

只取得正收益，39 只混合激进型账户中有 30 只取得正收益，25 只混合保守型账户中有 14 只取得正收益，25 只增强型账户中有 16 只取得正收益，14 只全债型账户中有 11 只取得正收益。绝大部分账户的收益率分布在 [-5%，10%]，且增强债券型、混合保守型、货币型账户的收益率较为接近和集中。因此，企业年金在选择投资联结险进行投资时，一方面要考虑保险公司本身的行业地位；另一方面也要考虑这些产品的类型和属性。

（三）权益类投资工具

权益类投资工具主要包括股票、股票基金等。《关于扩大企业年金基金投资范围的通知》规定，企业年金投资股票等权益类产品以及股票基金、混合基金、投资连结保险产品（股票投资比例高于或者等于 30%）的比例，不得高于投资组合企业年金基金财产净值的 30%。其中，企业年金基金不得直接投资于权证，但因投资股票、分离交易可转换债等投资品种而衍生获得的权证，应当在权证上市交易之日起 10 个交易日内卖出。从产品发行规模上看，权益类产品的发行规模远不及固定收益类产品，但是权益类产品对企业年金组合收益的贡献不容忽视。根据人社部的数据，在 2013 年企业年金基金投资中，固定收益类组合的加权平均收益率为 5.17%，含权益类的投资组合加权平均收益率的 5.77%，明显高于不含权益类的组合收益（见图 4-17）。

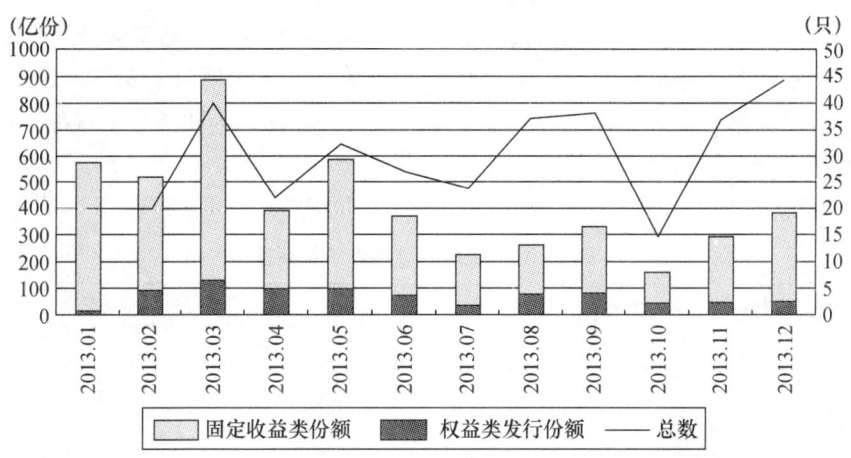

图 4-17 2013 年固定收益类及权益类产品发行规模对比

1. 普通股股票

普通股股票（简称普通股）由股份有限公司签发，证明股东所持股份的凭证并使股东借以取得股息和红利，它是构成股份公司资本的基础。普通股股票的股东在公司的经营管理和盈利及财产的分配上享有同等的权利，其所分取的股息红利也随着股份公司经营利润的多寡而变化。但在公司盈利和剩余财产的分配顺序上列在债权人和优先股股东之后，故其承担的风险也较高。普通股股东一般都拥有发言权和表决权，即有权就公司重大问题进行发言和投票表决。此外，当公司增发新股时，普通股股东一般具有优先认股权，即优先购买新发行的股票，以保持其对企业所有权的原百分比不变，从而维持其在公司中的权益。

普通股的价格由其内在价值决定，并且围绕其内在价值上下波动。法律制度的变迁、经济周期的波动、经济形势的变化、宏观经济政策的调整、供求关系的变化、行业结构调整、公司经营状况的变化等都会影响上市公司未来的收益，从而引起普通股内在价值的变化。对普通股进行投资时，需要从基本面和技术面两方面考察，基本面主要是从宏观经济环境、所处行业环境以及公司本身发展三方面入手，技术面主要从量价关系、K线组合等方面进行研究。

普通股的收益主要来自红利收入和资本利得。短期来看，由于受利率、政策等因素的影响，普通股股票的投资风险要高于固定收益资产，长期来看，股票的投资收益率要高于固定收益类资产，时间越长，股票投资损失的概率越小，当持有期达到15年以上时，股票平均年收益率的标准差就会低于债券或票据的平均收益率的标准差，股票投资的损失率几乎为零（见表4-12）。因此，对于注重长期投资的企业年金来说，可以选择适当的普通股进行投资，以提高组合的长期收益。

表4-12 股票战胜债券的长期性

持有期（年）	股票战胜债券的时间概率（%）	股票投资损失的概率（%）
1	66	24
2	72	16
3	74	14
4	77	10

第四章 企业年金投资工具

续表

持有期（年）	股票战胜债券的时间概率（%）	股票投资损失的概率（%）
5	81	10
6	83	9
7	82	6
8	86	2
9	90	2
10	92	3
15	93	0
20	100	0
25	100	0

资料来源：戴维·布莱特．击败专家：战胜华尔街顶尖高手的指数投资［M］．何玉柱译．北京：华夏出版社，2001．

根据中国上市公司市值管理研究中心发布的《2013年中国A股市值年度报告》，截至2013年末，我国沪深A股总市值达23.76万亿元，较2012年末增长3.98%，市值增长9106亿元。其中，传统产业市值表现不敌新兴产业，国有企业市值表现落后于民营企业，大公司市值表现落后于中小公司，沪深主板市值增长落后于创业板与中小板（见图4-18和图4-19）。

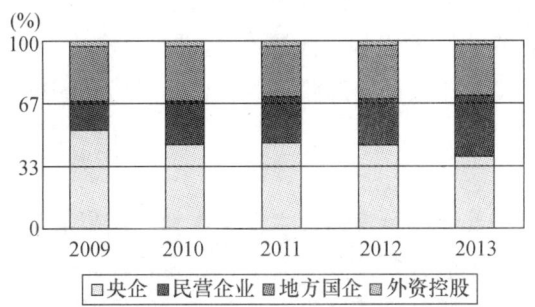

图4-18 各所有制上市公司市值占比变化趋势

2013年，虽然上证综指全年回落6.75%，但有接近70%的上市公司市值出现增长，有72%的行业上市公司市值实现增长，呈现出明显的结构性牛市特征（见表4-13）。

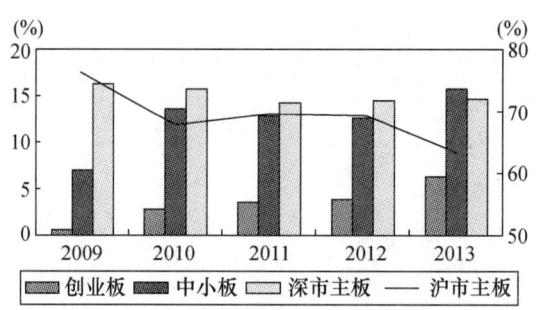

图4-19 各市场板块市值占比变化趋势

表4-13 近5年指数涨跌与个股市值涨跌统计

指标	2009年	2010年	2011年	2012年	2013年
A股市值（亿元）	240497	261817	212867	228541	237647
公司数（家）	1560	919	183	1058	1707
存量公司数（家）	1581	1680	2029	2311	2466
上涨家数占比（%）	98.67	54.70	9.02	45.78	69.22
上证综指涨幅（%）	79.98	-14.31	-21.68	3.17	-6.75
中证流通指数涨幅（%）	106.32	-3.15	-28.32	4.93	5.36

资料来源：Wind资讯。

企业年金基金在投资时要充分考虑我国股市的上述特征，要提高收益应加大投资于增长较快的新型产业、民营企业以及中小企业，为了保持投资的稳健性，要更多考虑有特殊技术优势、发展相对成熟、实力相对雄厚的企业。同时，对于那些股价增长比较稳定的蓝筹股，也不失为好的投资选择。

2. 优先股

优先股是相对于普通股而言的，主要是在利润及剩余财产的分配方面比普通股具有优先权。优先股有多种分类类型，如累积优先股和非累积优先股、参与优先股和非参与优先股、可转换优先股和不可转换优先股、可赎回优先股和不可赎回优先股等。优先股股东一般不参与公司的经营，不能退股，只能流通转让或被赎回。由于优先股市场容量小，流动性要低于普通股票市场。优先股在给投资者带来稳定红利的同时，也存在一定的风险，如违约风险、再投资风险和流动性风险等。2008年金融危机爆发之后，优先股成为美国各个公司筹措资金，政府挽救企业的主要方式。

第四章 企业年金投资工具

2013年11月30日国务院公布《关于开展优先股试点的指导意见》（以下简称《指导意见》），决定开展优先股试点。2014年10月，人社部下发了《关于企业年金基金进行股权和优先股投资试点的通知》（见表4-14），启动了企业年金基金股权和优先股的投资试点。启动这个试点的目的，主要是落实十八届三中全会关于积极发展混合所有制经济，引入社会和民营资本参股的要求。试点的启动，有利于扩大企业年金基金的投资范围，改善投资效率，提高投资收益，同时也分享国企改革的发展红利。

表4-14 《关于企业年金基金进行股权和优先股投资试点的通知》解读

	项目类型	具体规定及解读
首批试点范围	股权投资	中石化销售公司增资入股项目
	优先股	铁路发展基金优先股项目
其他项目	股权投资 优先股	企业年金基金可以投资其他股权或优先股项目养老金产品，但产品需经人力资源部批准
年金配置方式	股权投资 优先股	设置方向确定的专项型养老金产品，80%以上非现金资产定向投资中石化销售公司股权投资项目和铁路发展基金优先股项目
		计划层面单独设立专门投资组合投资养老金产品
计划层面配置比例	股权投资 优先股	属于权益类投资，按照股票专项型养老金产品进行管理，即计划层面设立专门组合，投资股权型养老金产品、优先股型养老金产品与其他权益类产品合计资金比例不超过30%；计划层面基金资产投资于同一项目的股权型养老金产品或优先股型养老金产品，不得高于企业年金基金计划基金资产净值的10%
		专门组合上限可以95%投资该类养老金产品
		专项性养老金产品上限可以100%投资试点项目
投资收益分配方式	股权投资	股权型养老金产品投资的股权项目，上市前每年现金分红的比例应不低于当年可分配利润的一定比例，上市后溢价应合理分配
	优先股	优先股型养老金产品根据投资双方协商确定的投资回报水平，取得固定税后分红
流动性安排——转让和退出机制	股权投资 优先股	合同明确受益权转让及回购条款，建立转让和退出机制，确保养老金产品的安全性、流动性和收益性
	股权投资	中石化销售公司股权项目——三年内未上市，中国石油化工集团应回购或安排有能力的第三方回购股权
	优先股	铁路发展基金优先股项目——投资者出资到位一年后可转让，满15年后，铁路总公司应按原始投资以现金方式回购

续表

	项目类型	具体规定及解读
产品估值核算	股权投资	股权型养老金产品上市前按照公允价值计价估值，方法由相关投资管理人与托管人协商，并参考第三方机构的估值确定，上市后投资上市有价证券的相关政策估值；养老金产品如结构化，可投资优先及份额，优先级按成本计价估值，上市后溢价收益在产品清算时由优先和劣后双方按协议合理分配
	优先股	优先股型养老金产品——按照成本计价估值
养老金产品的投资管理人		应制定相关管理办法；持续跟踪投资项目，定期评估投资风险，确保企业年金基金财产安全
企业年金计划投资管理人		应将股权上市前后的利益分配方式、优先股与其他股的利益分配机制等向委托人充分说明，委托人须通过公开程序将上述事项告知收益人。与委托人协商，自主选择购买中石化销售公司股权型养老金产品和铁路发展基金优先股型养老金产品

《指导意见》明确指出，社保基金、企业年金投资优先股的比例不受现行证券品种投资比例的限制，具体政策由国务院主管部门制定。这也就意味着社保基金、企业年金投资优先股不会对其他证券投资品种（如普通股、债券）造成直接的挤出效应。国内优先股发行还处于起步阶段，从公司路演来看，条款设置五花八门，短期内可以择优认购，待其发展到一定阶段后，再将其纳入大类资产配置。

虽然优先股在流动性、退出机制等方面存在缺陷，但是发行主体较好的公司的优先股，在收益率、安全性、久期和稳定性方面仍然具有吸引力。年金资产的投资具有长期性，回报率更偏重于稳定性，因此对于能够提供稳定回报且收益率较高的长期品种较为青睐，优先股恰好符合年金资金的这一需求。而在国外成熟市场，保险机构也的确是优先股的最大买家之一。

综合来看，除银行优先股之外，具有以下特征的优先股也应该成为企业年金关注的对象：强制分红或累积分红优先股；固定票息率或者在发行后前5年锁定票息率；含有普通股转换权的优先股，转股价格随时间持续修订，而不是在发行初期就锁定转股价格；在退出机制方面有创新，能够最大限度地减少保险公司持有风险的优先股等。

3. 股票型基金

我国将60%以上的基金资产投资于股票的基金界定为股票型基金。与其他类型的基金相比，股票基金的风险较高，但预期收益也较高。一般来说，股票型基金的风险大于债券型基金和货币市场基金，但和直接投资于股票市场相比，股票基金可以分散非系统风险，并且费用较低。从资产流动性来看，股票基金具有流动性强、变现性高的特点。股票基金的投资对象和投资目的具有多样性，投资对象大多为流动性较好的股票，基金资产质量高、变现容易，对投资者来说，股票基金经营稳定、收益可观。股票型基金的收益一方面来自资本利得，另一方面来自公司的股票红利。

股票型基金主要受股市供求和标的股票经营业绩的影响，虽然长期来看投资股票基金亏损的概率几乎为零，但对一些中短期投资资金来说，亏钱的风险仍不可忽视。所以，作为风险偏好较低的企业年金基金在选择股票基金投资时，首先要评估年金组合的风险承受能力。随着我国金融市场的不断发展，基金公司数量在不断增加，基金产品设计也不断细化，为企业年金提供了更专业化的服务和更丰富的搭配工具，在匹配不同风险偏好企业年金基金投资需求的同时，也更进一步补充不同市场环境特征下的投资工具。图4-20是2004~2013年开放式指数基金的规模与数量情况。

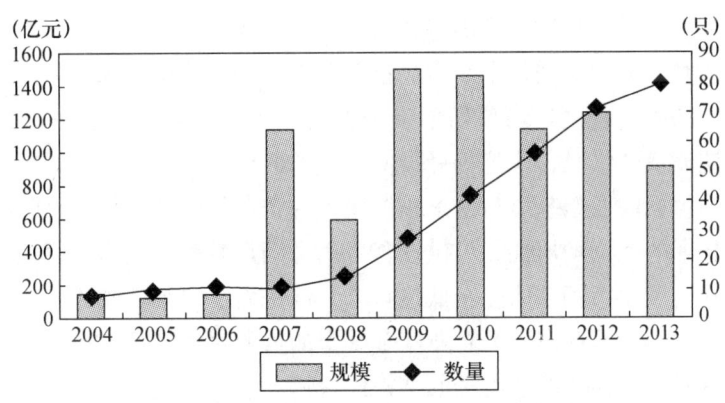

图4-20　2004~2013年开放式指数基金规模与数量

根据银河证券基金研究中心的统计数据，截至2013年12月31日，在沪指大盘下跌超过6%的情况下，股票型基金取得了自2010年以来的最好业绩，其中标准股票型基金和普通股票型基金的平均收益均超过了17%。偏股型基金在创业板等中小股票走高的结构性市场中也获利10%以上。2013年全年沪指下跌了6.75%，深成指下跌了10.91%，而以A股为主要投资标的的股票基金在2013年取得好成绩，主要源于A股的结构性分化。在大盘大幅下跌的同时，中小板指数2013年以来上涨了16.84%，创业板指数上涨了83.23%（见表4-15）。

表4-15 历年股票型基金投资收益情况对比　　　　　　　单位:%

名称	2013年	2012年	2011年	2010年	2009年	2008年
股票基金	10.39	5.82	-24.22	0.59	73.02	-52.88
标准股票型基金	17.31	5.55	-24.96	2.96	71.61	-51.76
普通股票型基金	17.15	8.18	-24.32	4.84	54.27	-44.33
标准指数股票型基金	-0.71	6.83	-22.83	-11.81	91.13	-63.32
增强指数股票型基金	1.95	8.24	-21.40	-12.19	87.67	-61.40
ETF联接基金	1.55	5.56	-21.98	-15.69	—	—

资料来源：银河证券基金研究中心。

股票基金所面临的投资风险主要来自系统性风险和管理运作风险。股票基金通过分散投资可以大大降低个股投资的非系统性风险，但却不能回避系统性投资风险，而管理运作风险则因基金而异。系统风险一般用贝塔值来衡量，贝塔值将股票基金的净值增长率与市场指数联系起来，以反映基金净值变动对市场指数变动的敏感程度。当预期牛市来临时，应该选择贝塔值较大的股票基金，当预期熊市来临时，应该选择贝塔值小的股票基金进行投资。以追求长期资本增值为目标的股票基金与追求长期增值的企业年金比较契合，股票基金提供了一种长期的投资增值性，可供投资者用来满足教育、退休等远期支出的需要。由于我国股票市场整体处于低迷状态，但是由于宏观环境的改变，仍出现阶段性的小牛市。因此，作为企业年金基金的重要投资工具，在选择股票型基金进行投资时需要抓住股票市场的结构性行情。

4. 混合型基金

混合型基金的投资组合中既有成长收益型股票，又有收益稳定的债券等固定收益类产品。混合型基金结合了股票型基金、债券型基金和货币市场基金的特点，同时使用激进和保守的投资策略，其回报和风险要低于股票型基金，高于债券和货币市场基金，是一种风险较高的基金类型。

根据股票、债券投资比例以及投资策略的不同，混合型基金又可以分为偏股型基金、偏债型基金、配置型基金等多种类型，表4-16给出了我国的混合型基金分类及历年收益情况。

表4-16 历年我国混合型基金收益情况 单位:%

基金名称	2013年	2012年	2011年	2010年	2009年	2008年	2007年
混合基金	11.87	3.88	-20.92	4.64	57.04	-45.13	111.11
偏股型（股票上限95%）	13.04	4.94	-24.98	5.74	71.99	-50.88	131.08
偏股型（股票上限80%）	9.87	2.90	-21.22	2.43	53.19	-45.88	104.27
灵活配置型（股票上限95%）	13.60	4.44	-21.49	2.70	64.85	-50.01	126.54
灵活配置型（股票上限80%）	15.80	3.08	-20.75	6.41	53.59	-48.48	113.25
股债平衡型	13.10	4.51	-20.68	3.87	48.50	-41.21	97.39
偏债型	10.99	5.24	-9.43	-0.29	27.20	-20.94	71.15
保本型	2.19	4.04	-0.68	7.39	10.12	-9.70	64.53
特定策略混合型	13.16	3.99	-17.86	5.81	47.06	-34.43	110.12

资料来源：银河证券基金研究中心。

二、新型投资工具

随着金融市场的发展，金融投资工具越来越丰富，企业年金基金可以选择的新型投资工具也越来越多。按照现代投资组合理论，分散化投资一方面可以降低年金组合的非系统风险，另一方面给予委托人更多的选择。从国外的投资经验来看，企业年金不仅可以投资于股权、债权、基金、信托等金融产品，还可以投资于房地产、资产支持证券、风险项目、海外证券和衍生工具等。2013

年3月，我国人社部出台了《关于企业年金基金扩大投资范围的通知》，允许企业年金基金投资于银行理财产品、基础设施债权计划、特定资产管理计划、信托产品和股指期货。企业年金基金保值增值的需求推动可投资金融工具的不断创新。金融工具的创新，则为企业年金基金投资提供更多的获取收益和规避风险的渠道和方法。当然，投资渠道的放宽将不可避免地带来相应的风险，本节我们将针对这些新增加的投资工具进行分析，研究其风险收益特征以及与年金投资的匹配程度。

（一）关于《企业年金基金扩大投资范围的通知》的总体评价

企业年金基金一直徘徊在社保基金和商业保险之间，和商业保险如"同系兄弟"，有着千丝万缕的联系。2013年3月，《关于企业年金基金扩大投资范围的通知》（以下简称《通知》）的出台，增加了市场对企业年金投资的进一步关注，银行理财产品、信托产品、基础设施债权计划和专项资产管理计划，从大类上基本覆盖了目前与市场化利率挂钩的金融产品。

从新政规定来看，企业年金基金可投资的商业银行理财产品、信托产品、基础设施债权投资计划的发行主体，限于以下三类：①具有"企业年金基金管理机构资格"的商业银行、信托公司、保险资产管理公司；②金融集团公司的控股子公司具有"企业年金基金管理机构资格"，发行商业银行理财产品、信托产品、基础设施债权投资计划的该金融集团公司的其他控股子公司；③发行商业银行理财产品、信托产品、基础设施债权投资计划的大型企业或者其控股子公司（已经建立企业年金计划）。该类商业银行理财产品、信托产品、基础设施债权投资计划仅限于大型企业自身或者其控股子公司的企业年金计划投资，并且投资事项应当由大型企业向人社部备案。

企业年金基金或企业年金养老金产品所投资的商业银行理财产品、信托产品、基础设施债权投资计划、特定资产管理计划均属固定收益类产品。对于投资管理人有如下要求：①投资管理人投资的金融产品，募集资金投资方向应当符合国家宏观政策、产业政策和监管政策；产品结构简单、基础资产清晰、信用增级安排确凿、具有稳定可预期的现金流；建立信息披露机制和风险隔离机制，并实行资产托（保）管。投资管理人应当优先投资在公开平台登记发行和交易转让的金融产品。②投资管理人应当对有关金融产品风险进行实质性评估,根据投资管理和风险管理能力,合理制订金融产品配置计划,履行相应的内部审核程序,健全内部信用评级制度,科学确定投资品种和规模、期限结构、信用分布和流动性安排。③投资管理人投资有关金融产品,应当充分发挥投资者的监督作用,持续跟踪金融产品管理运作,定期评估投资风险,适时调整投资限额、风险限额和止损限额,维护资产安全。金融产品发生违约等重大投资风险的,投资管理人应当采取有效措施,控制相关风险,并及时向人社部和有关业务监管部门报告,同时抄报企业年金受托人。④投资管理人投资有关金融产品,不得与当事人发生涉及利益输送、利益转移等不正当交易行为,不得通过关联交易或者其他方式侵害企业年金委托人的利益。

单个投资组合委托投资资产,投资商业银行理财产品、信托产品、基础设施债权投资计划、特定资产管理计划的比例,合计不得高于投资组合委托投资资产净值的30%。其中,投资信托产品的比例,不得高于投资组合委托投资资产净值的10%。投资商业银行理财产品、信托产品、基础设施债权投资计划或者特定资产管理计划的专门投资组合①,可以不受此30%和10%规定的限制。专门投资组合,应当有80%以上的非现金资产投资于投资方向确定的内容。单个投资组合委托投资资产,投资于单期商业银行理财产品、信托产品、基础设施债权投资计划或者特定资产管理计划,分别不得超过该期商业银行理财产品、信托产品、基础设施债权投资计划或者特定资产管理计划资产管理规模的20%,但投资商业银行理财产品、信托产品、基础设施债权投资计划或者特定资产管理计划的专门投资组合,可以不受此规定的限制。

图4-21反映了"银行理财产品、信托产品、基础设施债权计划和专项资产管理计划"的收益率情况,说明出台《关于企业年金基金扩大投资范围的通知》是有利于提高企业年金投资收益率的。

新政策实施一年来,已经取得了初步成效,共计881个组合配置了372亿元新增的投资品种,信托、债权计划、理财产品、特定资产管理计划分别占比76.65%、16.54%、4.55%、2.20%。根据人社部最新数据显示,截至2013

---

① 专门投资组合是指将80%以上非现金资产投资于商业银行理财产品、信托产品、基础设施债权投资计划、特定资产管理计划或者商业银行理财产品型、信托产品型、基础设施债权投资计划型、特定资产管理计划型养老金产品中的一类产品而专门设立的投资组合。

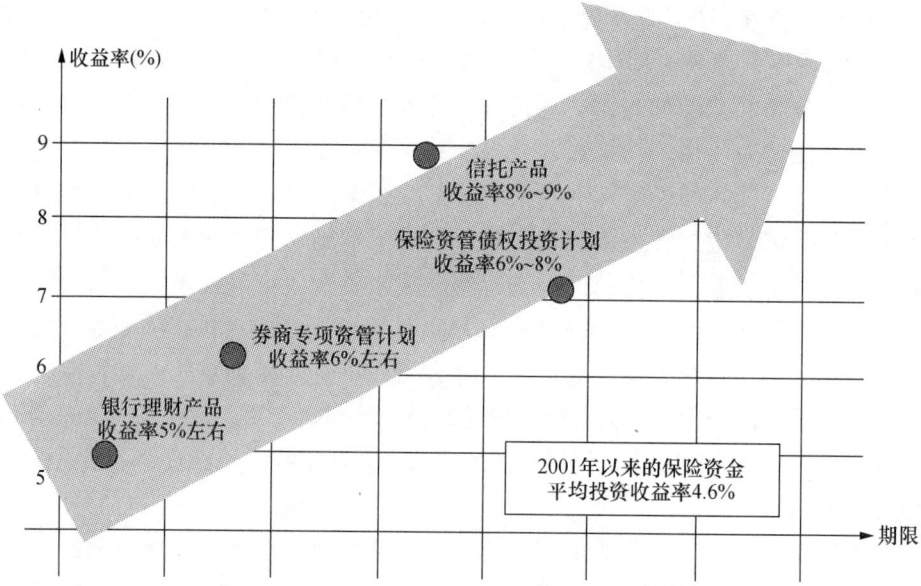

图 4-21 2013 年我国"非标"产品平均预期收益率比较

年底全国进入市场化投资运营的企业年金已经超过 6000 亿元,覆盖企业职工超过 2000 万人。随着我国企业年金基金规模的不断扩大,其保值增值问题也日显突出和重要。尤其在当前资本市场大幅波动时期,企业年金面临巨大的保值增值压力。研究另类资产的配置,适度分散投资风险,可谓正当其时。如何在全球养老金投资多元化的背景下积极拓宽企业年金另类资产投资①渠道,实现企业年金基金投资风险与收益的平衡,成为目前迫切需要研究的问题。国际国内养老金投资实践证明,积极参与另类投资,能够增加资产配置的灵活性与主动性,有效分散组合的风险,获取长期稳定收益。

从国外的情况看,另类投资正处于方兴未艾的阶段。知名投资咨询机构韬睿惠悦咨询公司与英国《金融时报》共同发布的一项研究显示,近 15 年来,全球养老金投入另类资产的资金配比从 5% 上升至 19% 左右,几乎每年都在增长。尤其是在全球金融危机后,越来越多的养老金管理机构认识到,单纯的股票债券型资产配置已经无法完全规避宏观经济变化带来的系统性风险,利用另类资产与传统资产较低的相关性来平滑长经济周期的组合收益波动,成为资产

---

① 另类投资,是指在股票、债券及期货等公开交易市场之外的投资方式,包括私募股权、风险投资、基础设施投资、杠杆并购、对冲基金等诸多品种。

管理行业的共识。

从国内的情况看,全国社会保障基金在 2005 年即获得了向工商企业投资的资格。目前,社保基金的投资范围涵盖了包括境内实业投资的股权投资、信托产品、产业投资基金以及境外投资等多个领域。借助投资渠道的多元化及资产合理配置,全国社会保障基金自 2000 年成立以来,取得了年均收益率 8%以上的骄人业绩。国内的保险资金也自 2005 年起,就涉足股权投资、基础设施建设投资等领域。2012 年保监会更是接连推出 13 条新政,将保险资金的投资范围扩大到银行理财产品、信贷资产支持证券、信托产品、券商理财产品、融资融券以及股指期货等投资品种。2013 年,在股票市场和债券市场都表现低迷的情况下,保险资金整体的投资收益率达到 5.04%,大于企业年金 3.67%的平均收益水平。因此,多样化的投资标的和分散的投资策略,为保险资金实现相对稳定的投资收益提供了有力的支撑。

《通知》的出台,可谓开启了企业年金另类投资的大门。当前企业年金开展另类投资可谓适逢其时。一方面,传统的股票与债券市场波动加剧,给年金资产保值增值带来较大压力;另一方面,十八大提出的新四化增长格局,包括城镇化建设和保障房建设都会产生大量长期资金需求。这部分与国计民生相关的基础设施类投资在期限和风险收益特征上与企业年金存在较高的匹配。企业年金通过信托计划、基础设施债权计划等方式参与此类投资,既能够增强企业年金收益的稳定性,使广大参保职工能够分享中国经济增长的红利,又能解决国家战略发展面临的融资渠道问题,提高企业年金投资的社会责任。

在看到另类投资为企业年金带来机遇的同时,我们也需要高度关注这一新的业务领域可能引发的风险。首先,中国的另类投资市场尚处于起步阶段,对于另类投资中的高风险品种,如 PE、风投、并购等,缺乏完善的监管手段和风险管理工具,目前可能暂时还不适合企业年金投资。其次,即便是目前已经相对成熟的基础设施债权计划和信托计划,也普遍存在信息透明度不高、市场评级或评价标准不规范等问题。特别是在中国经济增速放缓、实体经济信用违约事件显露苗头的大背景下,如何有效甄别和管理投资项目的信用风险,成为年金管理机构首要的问题。最后,对于现有企业年金投资管理机构而言,另类投资不同于股票、债券、基金等传统投资领域,专门投资团队构建和风险管理文化的培育都需要时间来磨合。

（二）信托产品

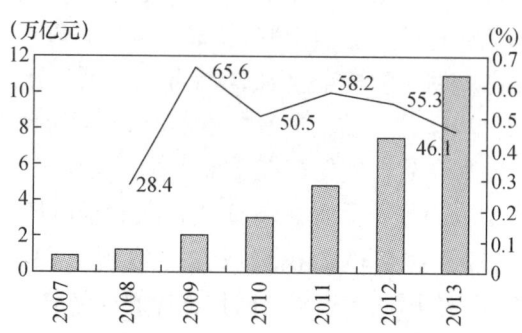

图 4-22 2007~2013 年中国信托资产规模

在几类新开放的投资品种中，银行理财产品满足了企业年金流动性管理的需求，基础设施债权计划满足了企业年金长久期配置管理的需求。但是两者都是收益率较低的品种，主要是以久期配置为主要需求点。而信托产品是企业年金基金获取高收益、提高收益水平的关键（见图 4-22 和图 4-23）。

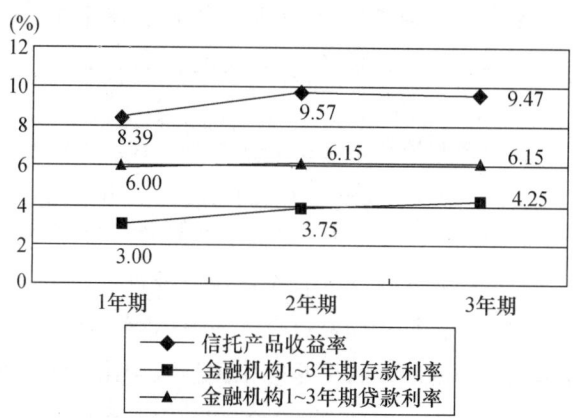

图 4-23 2013 年信托产品收益率与金融机构存贷款利率比较

相比于保险资金投资信托产品的要求，《通知》对于企业年金基金投资信托产品的准入标准更加细化，但也有一些针对性的放开。企业年金在进行信托产品选择时，除了和保险资金一样，需要合作的信托公司上个会计年度末经审计的净资产应不低于30亿元人民币，同时还应满足以下要求：①限于融资类集合资金信托计划和为企业年金基金设计、发行的单一资金信托计划。投资合同应当包含明确的"受益权转让"条款。②信用等级不低于国内信用评级机构评定的 AA＋或者相当于 AA＋级的信用级别。但符合下列条件之一的，可以豁免外部信用评级：第一，偿债主体上个会计年度末经审计的净资产不低于90亿元人民币，年营业收入不低于200亿元人民币。第二，提供无条件不可撤销连带责任保证担保的担保人，担保人上个会计年度末经审计的净资产不低于90亿元人民币，年营业收入不低于200亿元人民币。

首先，对于可投的信托产品类型，《通知》明确要求为融资类集合资金计划，排除了各类股权信托，但是，允许投资专为企业年金基金设计、发行的单一资金信托。允许投资单一资金信托这一条，降低了企业年金基金参与项目的门槛，年金基金投资管理人成为继银行之后第二个能够参与单一资金信托的金融机构。其次，由于企业年金投资管理人仅仅是受托管理人，投资信托的资金往往是多个企业账户合并在一起的，当中会涉及某些账户更换投资管理人等临时状况，因此，特别需要有"受益权转让条款"，帮助投资管理人应对资金规模的变动，应对流动性风险。最后，对于所投信托产品的评级和豁免评级的情况清晰、明确。这样一来，信托公司一方面可以把某一项目做成单一资金项目，找外部评级机构给予评级，然后与企业年金基金合作；另一方面也可以定向寻找一些满足评级豁免条件的大型集团企业的子公司、孙公司融资项目，也是非常适合于企业年金基金合作的。

选择信托产品最重要的考量指标是产品的安全性、收益性和流动性。目前在"刚性兑付"的背景下，融资类信托的收益率主要与产品期限和投资起点有关，不同公司发行的项目收益率比较接近，因此对产品风险的考察显得尤为重要（见图4-24）。风险是认购信托产品首要考虑的要素之一，但是人们往往只关注信托产品本身的抵押、担保等风控措施，而往往较少关注其他应该考虑的风险。多年来信托产品一直处于刚性兑付的状态，但是也有一些信托产品出现不同程度的违约风险，虽然这些风险最终在信托公司的努力下都得以化解，但这些风险的出现也为投资者认购信托产品提供了不少教训。

2012年以来，我国共有21只产品被媒体曝出出现不同程度的违约风险。从信托产品投资领域来看，房地产领域13只，一般工商企业5只，煤矿能源3只。从发行主体来看，这21只信托产品分别涉及12家信托公司，其中中融

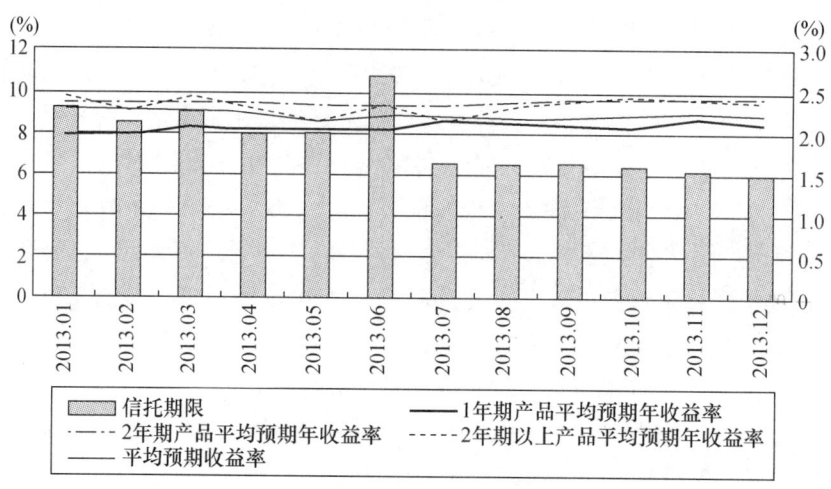

图 4-24 2013 年信托产品信托年限与预期年化收益率统计

信托、安信信托、中信信托各 3 只，吉林信托和新华信托各 2 只，其他公司各 1 只（见表 4-17）。

表 4-17 2012 年以来信托产品违约案例　　　　　　单位：亿元

违约时间	产品名称	信托公司	涉及金额
2012 年 2 月	吉信——松花江 78 号南山建材项目	吉林信托	1.5
2012 年 2 月	聚信汇金煤炭资源产业投资基金Ⅰ号	中信信托	37.12
2012 年 2 月	国投信托——山西泰莱能源信托贷款	国投信托	2
2012 年 5 月	吉信长白山［11］号南京联强集合资金	吉林信托	2
2012 年 6 月	华澳——长盈 11 号集合信托计划	华澳信托	6.45
2012 年 8 月	浙江金磊房地产开发有限公司股权投资	安信信托	3.5
2012 年 9 月	鄂尔多斯伊金霍洛旗棚户区改造项目	中融信托	11.64
2012 年 11 月	华鑫信托希森三和集合资金信托	华鑫信托	5.47
2012 年 12 月	中融——青岛凯悦中心集合信托计划	中融信托	3.845
2012 年 9 月	昆山——联邦国际资产收益财产权信托	安信信托	2.15
2012 年 12 月	陕国投裕丰公司贷款（一期和二期）	陕国投	5.98
2012 年 12 月	中信制造三峡全通贷款集合资金（第三期）	中信信托	11.7258
2013 年 1 月	中信——舒斯贝尔特定资产收益权投资	中信信托	5
2013 年 1 月	安信信托——温州"泰宇花苑"项目开发贷款	安信信托	3.99

续表

违约时间	产品名称	信托公司	涉及金额
2013年1月	新华信托——上海录润胳业股权投资	新华信托	8.5
2013年1月	中泰信托高远控股有限公司的单一资金	中泰信托	3100
2013年1月	中融——廊坊海润达股权投资集合资金信托	中融信托	8.707
2013年2月	锦都胳业项目特定资产收益权投资	四川信托	1
2013年初	五矿信托——荣腾商业地产投资基金（1、2期）	五矿信托	4
2013年底	山东火炬胳业有限公司贷款	新华信托	3.1
2014年1月	中诚——诚至金开1号集合信托计划	中诚信托	30

在考虑信托产品的违约风险时，主要从以下几个方面进行分析：第一，宏观调控政策对融资方资金链的影响。房地产行业是受国家宏观调控政策影响最大的行业之一。在21只出现违约风险的信托产品中有13只为房地产信托产品，占比高达62%。在房地产遭遇宏观调控之际，实力薄弱的开发商往往受到较大影响，容易陷入资金断链、民间借贷危机。第二，融资方挪用信托资金的可能。多个出现违约风险的信托项目存在挪用信托资金偿还民间借贷的行为，如中融信托——鄂尔多斯伊金霍洛旗棚户区改造项目集合资金信托计划、新华信托——上海录润胳业股权投资集合资金信托计划就是典型的例子。第三，信托公司是否充分履行尽职调查职责。某些项目出现违约，信托公司往往需要担负较大责任，其未尽充分调查职责，致使融资方存在骗贷行为、项目存在违约隐患等。

目前，信托产品的风险由信托公司全面负责，包括尽职调查、产品准入、风险控制、风险事件处理等方面，因此在选择信托产品时，信托公司的风控水平与实力最为重要，在信托兑付风险升级的情况下，建议企业年金基金选择首先是风控相对较严、实力相对雄厚的国企或具有政府背景的信托公司发行的产品；其次是融资方的信用水平和产品结构等因素，信托产品融资方的信用风险是决定该产品信用风险的关键因素，在产品结构上绕开那些容易受政策影响而发生危机的信托产品；最后，根据投资人的资金配比和流动性需求选择产品期限，建议选择1.5年期左右的信托产品较为合适，可以兼顾收益、风险与流动性。

(三) 基础设施债权计划

债权计划作为一种受益凭证，由保险资产管理公司等专业管理机构（以下简称专业管理机构）作为受托人，根据有关管理办法和规定，面向委托人发行，所募集的资金以债权方式投向基础设施项目，按照约定支付预期收益并兑付本金。债权投资计划的委托人，应当是能够识别、判断并承担债权投资计划投资风险的保险公司等法人机构或依法设立的其他组织（见图4-25）。

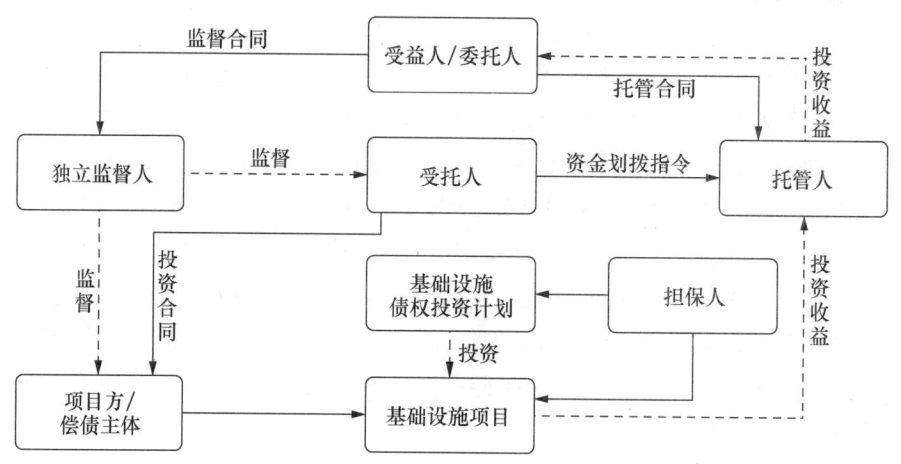

图4-25 基础设施债权计划交易结构安排

为了进一步推动债权投资计划发行制度改革，按照"放松管制、加强监管和运用市场化机制"的原则，保监会于2012年10月发布了《基础设施债权投资计划管理暂行规定》，确定了债权投资计划发行由备案制改为注册制。此后，保监会又于2013年2月发布《关于债权投资计划注册有关事项的通知》，以落实注册制度。而2013年4月保监会下发的《有关偿付能力报告编报规则》，对保险公司投资基础设施债权计划等投资品种的偿付能力认可标准进行了统一规定，指出保险公司投资AA级以上债权计划的账面价值认可比例从以往的95%上升至100%。这一调整表明，债权投资计划与高评级债权的认可价值相当，体现了监管部门对于债权投资计划资产资质的充分认可。

根据《通知》要求，企业年金基金投资的基础设施债权投资计划应当符合下列规定：履行完毕相关监管机构规定的所有合法程序；基础资产限于投向国务院、有关部委或者省级政府批准的基础设施项目债权资产；投资合同应当包含明确的"受益权转让"条款；信用等级不低于国内信用评级机构评定的A级或者相当于A级的信用级别；投资品种限于信用增级为A类、B类增级方式；发行基础设施债权投资计划的保险资产管理公司应当具有完善的公司治理、良好的市场信誉和稳定的投资业绩，上个会计年度末经审计的净资产不低于2亿元人民币。

公益性质和政府背景的基础设施债权投资计划，具有期限相对较长、安全性有保证、现金流可预测、收益率较高的特点。从期限与收益情况看，债权计划的期限2～12年不等，其中7年期的计划最多，符合企业年金长期投资的特点。债权计划一般参照商业银行同期贷款基准利率下浮一定比例确定发行利率，因此，收益低于商业银行同期贷款利率。

截至2013年末，12家保险资产管理机构累计发起设立184项基础设施和不动产债权投资计划，注册规模达5818.6亿元。其中，2013年新增注册债权投资计划90项，注册规模2877.6亿元，注册数量和规模相当于过去7年的总和。期限和收益方面，保险债权投资计划平均投资期限7.19年，平均年收益率6.31%。其中，2013年新增注册的保险债权投资计划平均投资期限7.21年，平均年收益率6.59%，期限和收益有显著的上升。

基础设施债权计划，由于期限较长、收益较高，违约可能性较小，因此，适合追求保本增值的企业年金进行投资。一方面可以通过这类投资工具积累安全垫，另一方面可以降低组合收益的波动性。当前在保险机构已备案和注册的基础设施投资计划中，涉及地方融资平台的有3259.59亿元，约占总规模的51.61%，大部分采取了相应的担保措施，风险应该基本可控。但是要清醒地意识到，从局部地区和行业看，一些产业结构单一、过于集中在强周期行业（如煤炭等）的地区，一些融资能力不强、外源融资能力不足的不发达地区，一些负债率较高、债务较多、已经超过本身财政规模的地区，一些支柱产业产能过剩、环保压力大的区域，还有一些通过多个融资平台集中举借巨额债务、借新还旧、平台相互担保等情况比较普遍的地区，它们在宏观经济形势或金融信贷政策出现变化的情况下，风险值得高度关注。

对于企业年金投资基础设施债权计划，有如下建议：①以资金安全为前提，选择偿债能力较强的主体所发行的产品，回避高风险或具有潜在高风险的产品。②选择项目评审、风险评估经验丰富的保险机构所发行的基础设施债权计划。基础设施投资规模大、操作复杂,在这种情况下,丰富的经验就非常重要,必须在各方面做好充分准备,为稳健投资打好基础。③注意风险分散。基础设施建设所需资金量巨大,建设期和投资回收期较长,意味着实现盈利的时间较长和资产流动性较差。因此在投资策略上,要选择一些与企业年金投资期限相匹配的产品进行投资,不要过度集中投资于某个行业或者地区,避免重复建设和结构趋同,以防止投资过度集中可能引发的风险。

(四) 商业银行理财产品

商业银行个人理财业务按照管理运作方式的不同,分为理财顾问服务和综合理财服务。我们一般所说的"银行理财产品",其实是指其中的综合理财服务。在理财产品这种投资方式中,银行只是接受客户的授权管理资金,投资收益与风险由客户或客户与银行按照约定方式来承担。银行理财产品主要投资于高等级信用人民币债券(含国债、金融债、央行票据、其他债券等),收益率高、安全性强,是"定期储蓄"的替代品。

根据《通知》要求,企业年金基金可投资的商业银行理财产品应当符合下列规定:风险等级为发行银行根据银监会评级要求,自主风险评级处于风险水平最低的一级或者二级;投资品种限于保证收益类和保本浮动收益类;投资范围限于境内市场的信贷资产、存款、货币市场工具、公开发行且评级在投资级以上的债券,基础资产由发行银行独立负责投资管理;发行商业银行理财产品的商业银行应当具有完善的公司治理、良好的市场信誉和稳定的投资业绩,上个会计年度末经审计的净资产不低于 300 亿元人民币或者在境内外主板上市,信用等级不低于国内信用评级机构评定的 A 级或者相当于 A 级的信用级别;境外上市并免于国内信用评级的,信用等级不低于国际信用评级机构评定的投资级或者以上的信用级别。

虽然银行理财都会预期最高收益率,但不可否认该收益率的实现存在着不确定性。同时,不同产品有不同的投资方向,不同的金融市场也决定了产品本身风险的大小。自 2004 年第一只银行理财产品推出以来,银行理财产品发展迅速,规模逐年上升。从全年发行量看,2013 年共发行银行理财产品 44492 只,同比增长 38.41% (见图 4-26 和图 4-27)。

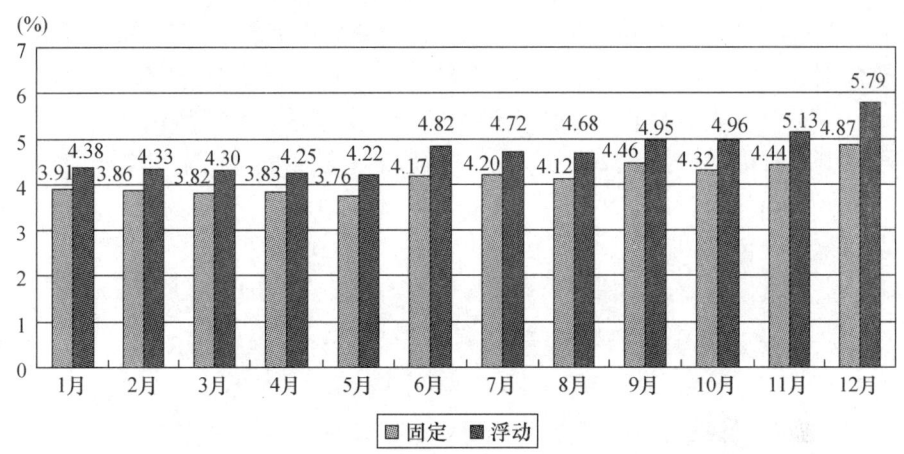

图4-26 2013年每月人民币理财产品平均预期收益率

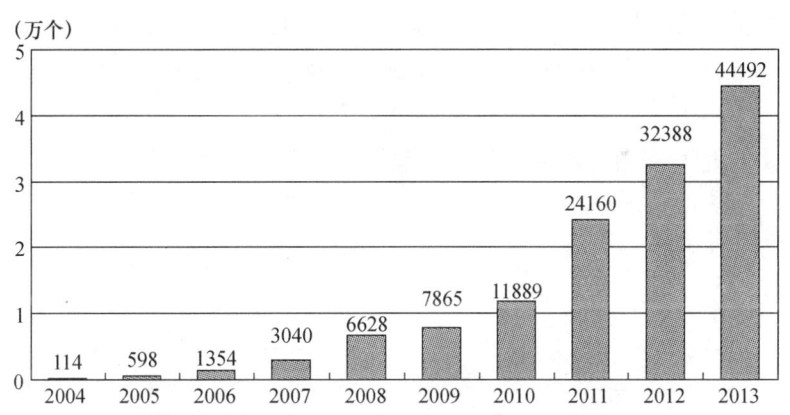

图4-27 2004~2013年银行理财产品发行数量

资料来源：Wind 资讯、华宝证券研究所。

从发行主体结构看，2013年，国有控股商业银行发行产品市场占比为31.28%；全国性股份制银行发行产品市场占比为30.03%。2012~2013年，国有控股商业银行和全国性股份制银行发行份额合计维持在60%以上。城商行在理财产品发行上增长迅速。2012~2013年，城商行发行的理财产品增速分别为87.22%和48.02%，市场份额也由2012年的18.89%增长至2013年的28.42%。

从收益类型看，多数银行发行非保本型产品的热情都显著高于保本型产品。国有控股银行、股份制银行、城商行发行的非保本型产品占其发行总量的比重分别为69.22%、87.84%、67.04%。2013年银行共发行保本型银行理财产品13284个,其中保本固定型产品4684个,保本浮动型产品8600个;发行非保本型银行理财产品31208个。国有控股商业银行占据了保本型市场的主体,其发行的保本固定型产品市场占有率达到36.14%,发行的保本浮动性产品市场占有率35.56%。

目前,银行理财产品在资产配置上呈现"三足鼎立"的格局:2013年债券类、利率类和其他类银行理财产品发行量分别为27744个、31471个和35387个,占比分别为27.10%、30.75%和34.57%,体现了流动性紧张、股市不牛、监管严格背景下较为保守的资产配置策略。

从发行主体类型看,各银行在理财产品资产配置上区别不大。一般来说,期限较长的银行理财产品收益率往往高于期限较短的银行理财产品收益率,体现了"期限溢价"的存在。但是,鉴于银行理财产品收益率曲线的"收益中枢"随时间变化不断发生迁移,从2013年全年看,上述结论不再成立。如2013年1月,6~12个月的银行理财产品平均收益率为5.03%,到了12月,1~3个月的银行理财产品平均收益率就已高达5.72%(见图4-28)。

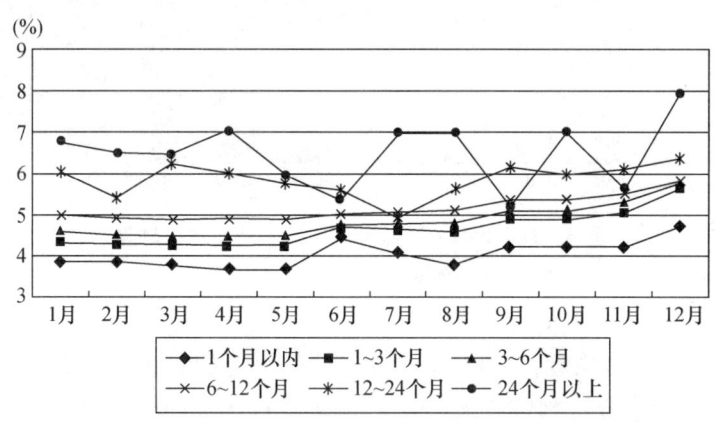

图4-28 2013年各期限银行理财产品平均预期收益率
资料来源:Wind、华宝证券研究所。

银行理财产品整体呈现高收益特征,但单个理财产品间收益率存在差异。以银行存款利率为代表的无风险利率对收益率起基础决定作用,但除此之外还存在其他的重要影响因素。银行理财产品的基础条款包括收益类型(浮动/保本)、资产投向、币种、发行期限等,这些条款对银行理财产品收益率同样产生影响。

银行理财的收益远高于定期存款,企业年金在选择银行理财产品投资时,不仅要考虑理财产品本身的特点,如流动性、收益性、安全性等,还要充分考虑理财产品推出时的具体环境。尽管不同的理财产品有其特定的收益规律,但受市场环境的影响,并不是每种理财产品自始至终能够取得优良的业绩。尽量选择具有优良投资业绩的理财产品,并对所选择的理财产品进行动态的跟踪。根据市场的变化,不断调整投资策略,修正投资预期。

(五) 特定资产管理计划

基金管理公司的特定客户资产管理业务,由基金管理公司向特定客户募集资金或者接受特定客户财产委托担任资产管理人,由商业银行担任资产托管人,为资产委托人的利益,运用委托财产进行证券投资,也称专户理财,受中国证监会的监督。基金管理公司可以采取以下两种形式开展特定资产管理业务:为单一客户办理特定资产管理业务和为特定的多个客户办理特定资产管理业务。

《通知》中关于年金基金投资特定资产管理计划,仅限于基金发行的特定资产管理计划,同时投资的产品满足以下条件:①限于结构化分级特定资产管理计划的优先级份额;②不得投资于商品期货及金融衍生品;③不得投资于未通过证券交易所转让的股权;④发行特定资产管理计划的基金管理公司应当具有完善的公司治理、良好的市场信誉和稳定的投资业绩,上个会计年度末经审计的净资产不低于2亿元人民币。

根据这样的要求,年金基金投资特定资产管理计划的范围,限定为结构化分级特定产品的优先级份额,该特定资产管理计划的投资范围不能是商品期货和金融衍生产品、不能是未通过证券交易所转让的股权,因此所有的非上市公司股权投资类和主动管理型的股权投资项目是无法参与的。根据《通知》规定,企业年金组合投资于分级专户的优先级的资金最多不超过30%,年金计划投到专户型专门组合或养老金产品的比例最多也不超过30%。

虽然我国公募资产总规模并不低,但就目前的市场状况来看,企业年金投资于特定资产管理计划的份额非常小(见图4-29)。一方面,股票、债券等传统型专户发展停滞,商品期货、对冲产品、跨境产品等创新型专户发展迅速,

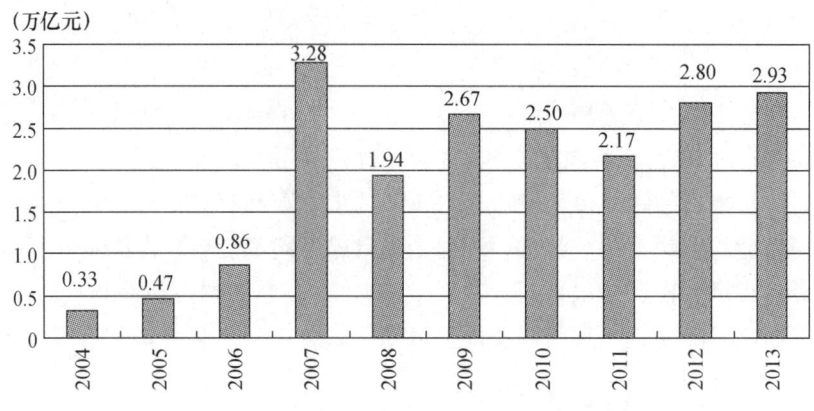

图4-29 2004~2013年公募资产管理总规模对比

但是囿于企业年金基金的投资范围限制,企业年金基金无法投资于该类创新产品专户。另一方面,定增专户作为主流结构化产品,与企业年金投资的期限不匹配。目前,专门以定增为投资方向的长期投资的结构化产品非常少,大部分产品都是专门投资于某只特定的股票。企业年金投资于专户优先级的流程相对较长,要投资经理准备头寸,由投资管理人向受托人申请额度(虽然政策未要求,但市场上大部分受托人对于专户优先级的投资是一事一报),额度批复后,还有投资管理人内部签字盖章审核等流程,待流程全部走完,可能已经来不及参与定增,即使定增成功,政策要求发行股份12个月内(认购后变成控股股东或拥有实际控制权的36个月内)不得转让,12个月后一般会在专户产品到期前卖出持有的股票,企业年金投资追求的是长期稳定的收益,其投资目标与为了一个特定短期的定增项目套利的目标并不一致。此外,在主动投资的结构化产品的销售中,次级客户资源有限,受产品杠杆比例制约,优先级的规模也受到限制,所以企业年金即便有配置需求,也没有足够多的结构化产品的优先级来承接。

表4-18 企业年金投资新增产品对比

产品类型	发行方	收益情况	市场规模	期限	风险	对比
银行理财	银行	一年期产品不保本,6%~7%。2012年以来,收益不断下滑	截至2014年2月末,银行理财产品余额规模达到12.22万亿元	期限灵活	相对较低,具体产品具体分析	收益较低,风险较小

第四章　企业年金投资工具

续表

产品类型	发行方	收益情况	市场规模	期限	风险	对比
信托产品	信托公司	较高，大型企业项目一般在7%~8%，地方政府融资平台和房地产项目会超过9%	截至2014年一季度，信托资产规模11.73万亿元	一般2~3年	信用风险最高，也存在流动性风险	收益最高，风险最大
基础设施债权计划	保险资产管理公司	长期收益稳定，但是较低，一般为6.2%~6.8%	截至2013年末，12家保险资产管理机构累计注册规模5818.6亿元	7~10年	主要是流动性风险	收益较低，风险较小
特定资产管理计划（限优先级）	基金公司	债券专户优先级收益在6%左右，股票型在7%左右	专户总规模4000亿元左右，假设一半为一对多分级产品，优先级规模至多不超过1500亿元	年金可投的产品在2~3年	专户优先级类似于固定收益产品。风险主要看合同关注的补仓线、止损线、清盘线	收益较低，风险适中

如表4-18所示，与人社部23号文年金投资政策扩大增加的几种产品对比，专户优先级的收益与风险特征，不及其他几种产品更有吸引力。因此，我国目前的特定资产管理项目无论是在数量上还是在风险收益特征上，均不是企业年金投资的首选。但是随着市场的发展，相信基金公司将会根据企业年金基金的投资要求，设计出更适合年金投资的产品。

对于企业年金投资与特定资产管理计划，有如下建议：①分散投资，期限结构上最好不超过1年。可以建立多个理财专户时，分别选择多家投资机构，使用业绩赛跑的办法，不断对机构优胜劣汰。同时，在专户理财的资产组合结构里，根据企业自身风险偏好，尽量保持最终投资品种的多样性和互补性，如股票投资组合，行业不要过于集中，选择债券组合，要注意期限结构搭配。②设置安全垫或者止损线。安全垫实际上属于投资的保本机制，即先通过确定性较高的投资，取得确定性的收益，在本金安全得到保障的基础上，根据确定收益的大小，并按照一定放大倍数，进行更高收益更高风险的投资（如股票),以获得超额收益。设置止损线,当市场行情出现单边非理性下跌,有关指标到达企业止损线,应当果断止损,以制度来抑制可能出现的人为非理性行为。③加强内部机构间的相互监督和稽核功能。及时了解投资方向及收益率波动,监督基金经理的操作记录是否违反企业的投资范围,及时与基金经理沟通,收集信息;银行作为资金存管方,应定期发送资金报告,由财务部门与投资部定期对账;企业内部审计部也定期对投资业务进行检查。

(六)养老金产品

养老金产品是由企业年金基金投资管理人发行的、面向企业年金基金定向销售的企业年金基金标准投资组合。养老金产品限于境内投资,投资标的包括银行存款、国债、中央银行票据、债券回购、万能保险产品、投资联结保险产品、证券投资基金、股票、商业银行理财产品、信托产品、基础设施债权投资计划、特定资产管理计划、股指期货以及信用等级在投资级以上的金融债、企业(公司)债、可转换债(含分离交易可转换债)、短期融资券和中期票据等金融产品。人社部24号令规定,养老金产品不得直接投资于权证,但因投资股票、分离交易可转换债等投资品种而衍生获得的权证,应当在权证上市交易之日起10个交易日内卖出。

根据人社部24号令,养老金产品主要分为股票型、混合型、固定收益型、货币型以及专门投资型。为了满足直接配置混合型、固定收益型养老金产品的需要,确保流动性符合规定比例,混合型、固定收益型(商业银行理财产品型、信托产品型、基础设施债权投资计划型、特定资产管理计划型除外)养老金产品,投资银行活期存款、中央银行票据、一年期以内(含一年)的银行存款、债券回购、货币市场基金的比例,合计不得低于产品资产净值的5%。其余类型养老金产品和专门投资组合主要用于大类资产配置,可以不受5%流动性资产的比例限制,但应确保赎回的需要,减少净值波动。为了控制风险,确保收益的稳定,规定单个计划、组合投资股票型产品的比例不得高于净值的30%;单个计划、组合投资商业银行理财产品型、信托产品型、特定资产管理计划型,合计不得高于30%,其中信托产品型不得高于10%;但是,对于投资这4类新品种养老金产品的专门投资组合,则可以不受此限制。

养老金产品的管理运行类似公募基金,管理人收到产品备案确认函后在网站上披露产品信息,不同年金组合根据自身需要进行申购或赎回,产品管理人以标准化的方式运行，按份额法核算。配置养老金产品，对现有年金计划和投资组合具有以下优势：①相比同类公募基金，养老金产品属于企业年金专属性产品，具有费率低、风格稳健等优势；②对于小型计划和组合而言，养老金产品具有规模优势，可以改善小型组合在资产配置、品种选择、仓位调整等方面的缺陷；③投资专门型养老金产品相比直接投资相关具体品种，在拓宽投资范围的同时，可以有效简化投资程序、降低投资风险、优化估值和提高资产的流动性等，从而有利于提升组合配置水平。

由于当前阶段养老金产品主要面向企业年金计划和企业年金基金投资组合发行，因此，各投资管理人所发行的养老金产品主要依据投资需求定位。其中，混合型养老金产品本质就是一个含权益类的年金投资组合，因此可以替代含权益类的小规模年金计划和投资组合的独立投资运作，也可以满足含权益类大中型组合的备用资金管理和资产配置需要；固定收益型养老金产品本质就是一个债券型年金投资组合，因此，可以替代债券型的小规模年金计划和投资组合的独立投资运作，也可以满足大中型组合的备用资金管理和资产配置需要；专门型养老金产品因其特定投资品种属性，一方面可以直接代替相应投资品种，并可获得较好流动性。另一方面可以满足特殊投资需要，用于资产配置计划；对于货币型养老金产品，主要还是为了满足备存资金管理需要；对于股票型养老金产品，因有30%以上的权益类投资比例要求，因此其收益率波动性相对其他养老金产品要大，但应低于公募股票、混合型基金产品，并且还可以通过股指期货对冲保值，因此可以替代年金基金对于公募基金的配置需要。总之，就目前而言，专门型养老金产品可能最为适用，混合型、固定收益型可能较多面向小型计划和组合，而货币型和股票型可能适用性相对偏小。

自2013年5月，国内第一只养老金产品——海富通昆仑信托型养老金产品获得批准，仅三个月的时间就有超过30款养老金产品获批。养老金产品密集获批，意味着年金组合开始进入后端集合管理时代。目前来看，各投资管理人发行的养老金产品主要还是集中于传统的四大类型，其他类型的非常少（见表4-19）。大多数养老金产品尚在产品申报和初步运行阶段，养老金产品对市场竞争格局的影响还不是特别明显。企业年金由目前的投资组合转移到养老金产品是渐进的，养老金产品的规模也有一个由小到大的过程，其对于整个企业年金市场竞争格局的影响将会逐渐显现。

表4-19 各主要投资管理人发行养老金产品类型统计　　　单位：只

机构名称	股票型	混合型	固定收益型	货币型	信托产品型	基础设施债权投资计划型
人保资产	0	1	4	1	0	0
泰康资产	2	3	3	1	0	1
平安养老	2	1	1	0	0	0
国寿养老	1	2	2	0	2	2
长江养老	1	2	5	1	0	0
华夏基金	0	2	1	0	1	0
博时基金	0	4	3	1	0	0
南方基金	0	2	1	0	0	0
嘉实基金	1	1	0	0	1	0
银华基金	2	1	1	0	0	0
国泰基金	1	0	1	0	0	0
工银瑞信	1	1	2	1	0	0
中信证券	2	0	1	0	0	0

企业年金在选择养老金产品进行投资时，首先要考虑企业年金的投资期限，选择与之匹配的养老金产品类型。其次在投资形式上，企业年金计划或企业年金计划投资组合可以根据自身投资策略和风险收益特征，针对不同的风控要求和收益偏好，全额投资于一个养老金产品，也可以部分或全额投资于多个养老金产品。为了分散风险的需要，建议规模比较大的企业年金分散投资于多个养老金产品。在投资的品种选择上，建议选择风险比较低并且运作相对成熟的固定收益型和混合型。至于新增的新类型，目前市场上可选的养老金产品比较少，应综合考察产品管理人资信和投资项目的风险收益情况，进行权衡后再做出决策。

（七）股指期货

股指期货是20世纪80年代金融创新过程中出现的最重要、最成功的金融工具之一，如今已成为全球各大金融期货市场上最为活跃的期货品种之一。股指期货是在交易所进行的以某一股票价格指数作为标的物，由交易双方订立的，约定在未来某一特定时间以约定价格进行股价指数交割结算的标准化合约的交易。股指期货具有如下特点：交易对象为标的股票的综合价格指数，而非股票；采用保证金交易制，具有高杠杆性；可以规避系统性风险；能够进行套期保值等。股指期货投资策略主要包括：套期保值、套利和投机，其中按照套期保值策略本身的操作方向分类，套期保值可以分为多头套期保值和空头套期保值，套利可以分为期限套利、跨期套利、跨市场套利，投机的基本做法包括买空和卖空交易两种。

2010年4月，我国第一个股指期货合约——沪深300股指期货正式推出，使中国资本市场告别了单边市场，也为资产管理机构提供了一个更为便利的风险管理工具。沪深300股指期货上市以来，证券公司、基金公司等已经陆续进入股指期货市场。人社部23号令规定，企业年金计划投资组合、养老金产品参与股指期货交易应当是以套期保值为目的，并且任一投资组合或者养老金产品在任何交易日日终，所持有的卖出股指期货合约价值，不得超过其对冲标的股票、股票基金、混合基金、投资联结保险产品（股票投资比例高于30%）等权益类资产的账面价值。

我国股指期货虽然起步较晚，但上市四年来，市场运行安全、平稳，与现货指数始终保持着高度的相关性。随着市场体系和监管制度的不断成熟和完善，作为市场上重要机构投资者的企业年金基金，也有参与股指期货交易的需求。股指期货是管理股票投资、对冲股市系统性风险的重要方式，股指期货的套期保值是避险的重要工具，且交易成本低。利用股指期货的套期保值功能，企业年金基金可以通过在股票市场和股指期货市场两个市场上的反向操作来对冲股市的波动，锁定投资收益，实现防范和规避股市系统性风险的目的。

由于期货指数与现货之间存在着高度的相关性，股票市场的价格变动能够十分迅速地在股指期货市场上得到反映，这就为企业年金基金投资组合提供了便捷的资产组合管理工具，投资管理人可以通过运用股指期货来增加、减少或者改变投资组合风险敞口的大小，从而更好地实现投资组合预定的目标和要求。

除了对冲股票投资风险、稳定收益、改善资产配置外，参与股指期货还能够促进企业年金基金投资产品的创新和业务领域的拓展，如设计基于股指期货和股票组合的新型养老金产品，锁定风险和收益；或者运用股指期货合成结构化保本型产品、绝对收益型产品等多种创新型产品，更好地满足企业多方面的需求。

虽然股指期货在企业年金基金运用中大有可为，但是企业年金基金的性质决定必须始终将资金安全性放在首位。股指期货作为对冲风险的金融衍生产品，同时也是产生高风险的诱因。由于股指期货的杠杆性，使得其价格的微小变动可能会造成企业年金基金权益价值的大幅变动，甚至有可能产生较大的投资损失，这是企业年金基金在股指期货投资中首先需要面临的价格风险。其次是结算风险，股指期货实行每日无负债结算制度，对资金管理的要求高，如果投资管理人不能在规定时间内补足保证金，就会被强制平仓，造成投资资金的重大损失。此外，还有流动性风险、操作风险、信用风险、市场风险、运作风险、法律风险等诸多风险。

因此，对于企业年金基金是否参与股指期货交易，需要采取谨慎的策略。在深入了解股指期货的特性以及交易流程，并对股指期货的投资风险进行严格防范与控制的前提下，可以考虑有条件地参与股指期货交易。同时，企业年金基金的性质决定了它在股指期货交易中的策略与其机构投资者不同，套期保值的风险规避特征更加适合企业年金基金。

第五章　企业年金投资策略

投资组合没有共性，要视每个投资者的具体情况而定。每个投资者根据自己的风险偏好，可供动用的资金多寡、投资年期及投资目标等来计划投资目标，再结合当时的经济环境及市场行情来决定各种资产的投资比例。

任何一种投资组合的决策都是建立在对投资目标、原则政策和宏观经济环境的分析上，因此企业年金投资组合的确定也首先应该分其投资目标、原则和宏观环境，在分别对上述因素进行分析的基础上，并进一步探讨企业年金具体的投资组合安排（见图5-1）。

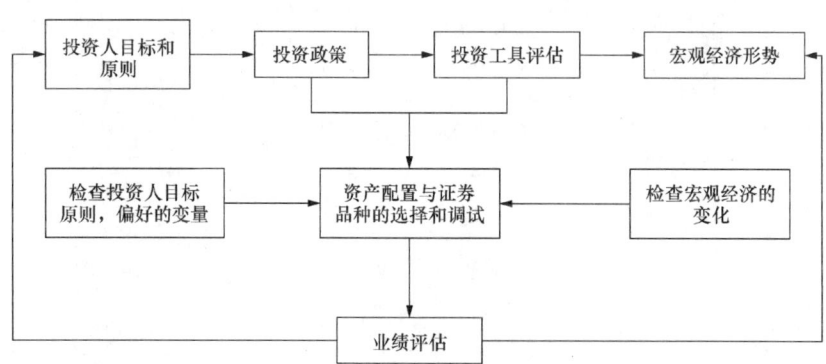

图5-1　投资组合决策流程

一、企业年金投资的宏观分析框架

（一）美林投资时钟理论

企业年金计划投资者在选择投资工具时必然要考虑宏观经济形势，宏观经济的波动极大地影响着这些投资工具的收益率走势，所以企业年金资产的配置需要根据宏观经济走势适时调整，这样才能保证企业年金投资收益的稳定。

在分析不同经济形势下该投资何种品种时，美林公司将宏观经济周期分为衰退期、复苏期、过热期和滞胀期四个时期，投资标的可以分为股票、债券、大宗商品和现金，采用超过30年的经济数据进行统计分析后发现，这种大类资产及行业配置呈现"时钟"规律，即宏观经济周期的每个阶段都对应着表现超过大市的某一特定资产类别和行业。据此，投资者可根据宏观经济所处的周期阶段，选择相应的投资类别，获得投资保值增值的最优回报。这就是著名的美林投资时钟理论（见图5-2）。

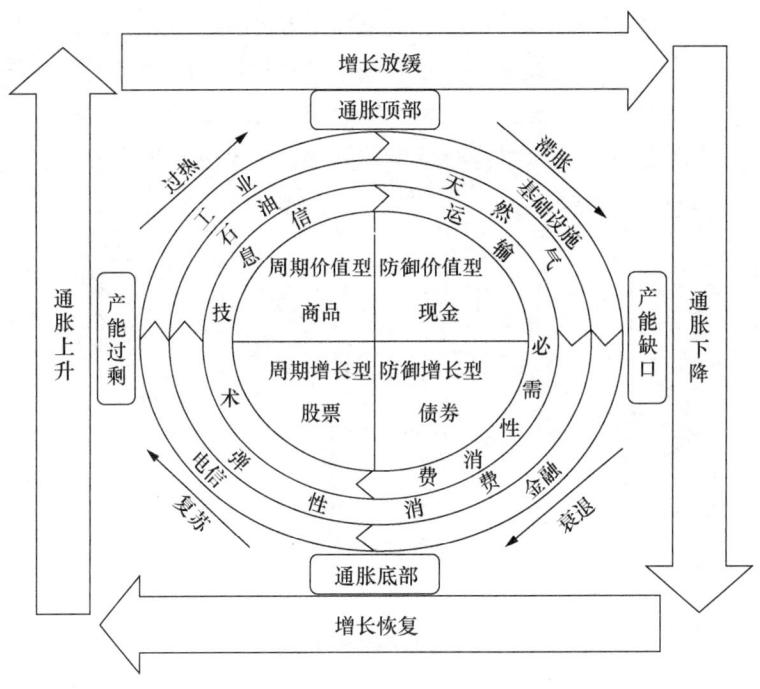

图5-2 美林投资时钟

美林投资时钟理论将资产、行业轮动、债券收益率曲线以及经济周期四个阶段联系了起来，是一个非常实用的指导投资的方法。投资时钟的分析框架，可以帮助投资者识别经济周期的重要转折点。而正确识别经济增长的拐点，投资者可以通过转换资产以实现获利。根据经济增长和通胀状况，投资时钟将经济周期划分为四个不同的阶段——衰退、复苏、过热和滞胀。投资时钟将经济周期画成圆圈的形式。经典的繁荣—衰退周期从左下角开始顺时针转动。每个阶段由相对于趋势的经济增长方向（如经济复苏和经济衰退）和通货膨胀方向（通货膨胀上升和通货膨胀下降）两个指标定义。经济增长和通货膨胀是时钟的驱动力，经济增长率指向南北方向，通胀率指向东西方向。

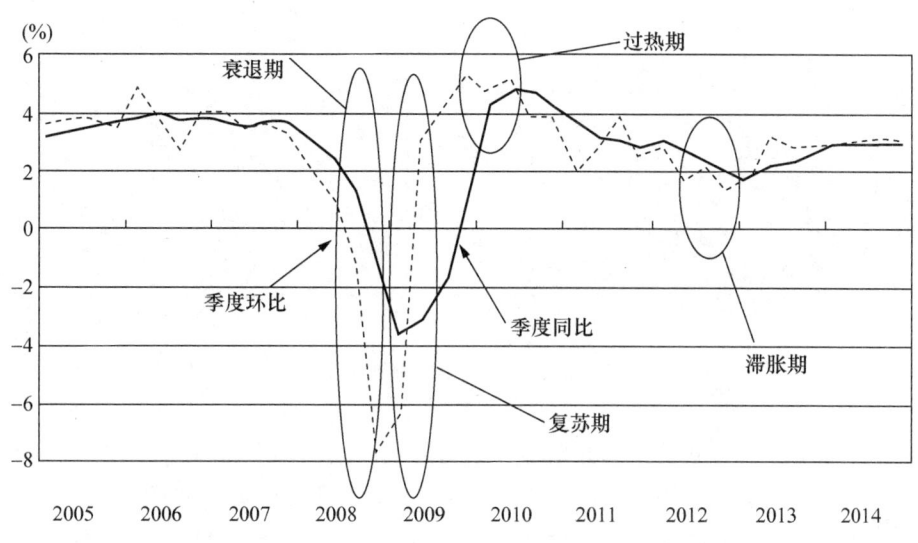

图 5-3　2005~2014 年全球经济运行趋势

图 5-3 为 2005~2014 年全球的经济运行趋势，从中可以看出一个明显的经济周期。受美国次贷危机的影响，全球经济在 2008~2009 年处于衰退期，出现了负增长；2009~2010 年处于复苏期，全球经济在不断恢复；2010~2011 年全球经济处于过热期，由于各国出台的刺激措施，世界经济出现较为明显的高速增长；危机引发的经济刺激导致全球在 2012~2013 年处于滞胀期。同样我国的经济和世界整体经济类似也有着一个明显的经济周期（见图 5-4）。

美林投资时钟的指示作用是和经济周期各阶段的特点相关联的。在复苏阶段，国家实施经济刺激政策导致 GDP 增长加速，企业盈利能力回升，这个阶段是股票投资的最佳时期。在过热阶段，企业盈利增速变缓，通胀水平明显上升，央行刺激政策逐步回归正轨，债券投资风险显现，股票投资则受制于利润增长与估值评级下降因素，该阶段大宗商品是最佳投资选择。在滞胀阶段，GDP 的高增长率难以为继，企业盈利恶化，股票市场表现非常糟糕，但大宗

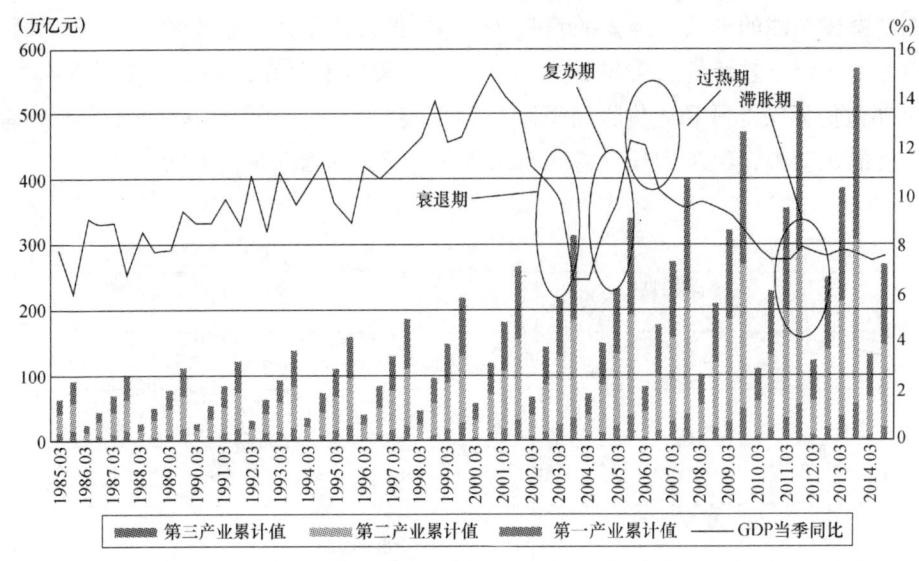

图 5-4 中国 GDP 季度走势

商品、居民消费领域及工资的轮番推动将导致通胀形势更加恶化，债券市场也将遭受货币政策的打压，此时最理想的投资配置是持有现金资产。到衰退阶段，经济增长基本停滞，企业盈利微弱，需求下降、产品供过于求导致通胀率下降，央行将实施宽松货币政策以刺激经济，金融市场收益率曲线下行，此时债券资产变为最佳投资选择。只有确定了经济所处的时期，我们才可以进行大类资产的配置，否则企业年金将可能存在短期投资收益较高但长期收益不理想的状况。

（二）经济周期与资产选择

衰退期的经济增长率低于潜在增长率，产出缺口①为负，并呈现减速扩大趋势。超额的生产能力和下跌的大宗商品价格使得通胀率更低。市场需求不足，企业盈利微弱并且实际收益率下降。此时央行使用宽松的货币政策（减息）及积极的财政政策（减税）以刺激经济增长。根据美林投资时钟，减息导致收益率曲线急剧下行，防御增长型的债券是最佳选择，实际平均年收益率

---

① 产出缺口 = 经济的实际产出 - 经济的潜在产出。

高于长期平均收益率,而在股票中金融股是较好的选择,时钟对角处大宗商品的表现最为糟糕。因此,当经济处于衰退期时,企业年金的投资选择依次是:债券＞现金＞大宗商品;股票＞大宗商品。

复苏期的经济增长率低于潜在增长率,但呈加速趋势,产出负缺口逐渐减小。复苏初期通胀率仍继续下降,因为空置的生产能力还未耗尽,周期性的生产能力扩充也变得强劲,企业盈利上升,复苏后期随着经济活动的加速,通胀也逐渐上行;此时中央银行仍保持低利率的宽松政策,债券的收益率处于低位;根据美林投资时钟,该时期是股票投资的"黄金时期",由于经济复苏往往伴随着高新技术出现、基础材料研究的突破,因此高新技术行业应该是超配的行业。因此,在经济复苏期企业年金的投资选择依次是:股票＞债券＞现金＞大宗商品。

过热期的经济增长率超过潜在经济增长率,呈加速趋势,市场需求旺盛,企业产品库存减少,固定资产投资增加,导致企业利润明显增加,产出的正缺口逐渐扩大,经济活动的加速使通胀进一步上升。虽然物价和利率已经提高,但生产的发展和利润的增加幅度会大于物价和利率的上涨幅度,推动股价大幅上扬。此时央行加息以求降温,加息使收益率曲线上行并变得平缓,债券的表现非常糟糕。经济活动的过热以及较高的通货膨胀使大宗商品成为收益最高的资产,其实际收益率高于长期平均收益。根据美林投资时钟,在股票中,估值波动小而且持续期短的价值型股票表现超出大市,与大宗商品相关的股票是较好的选择,如矿业股对金属价格敏感,在过热阶段中表现较好。因此,在经济过热阶段企业年金的投资选择依次是:大宗商品＞股票＞现金＞债券。此时的投资策略以战术性资产配置为主,追求高收益的同时更应该把控灵活性调整。

滞胀的前期经济增长率依然超过潜在增长率,但呈减速趋势,产出的正缺口逐渐减小,通胀导致资源价格高企,利率处在高位,企业成本日益上升,为了保持盈利而提高产品价格,导致成本—工资—价格螺旋上涨,但业绩开始出现停滞甚至下滑的趋势;此时央行会紧缩银根。根据美林投资时钟,防御价值型的现金资产应该是最佳选择。股票中需求弹性小的公用事业、医药等是较好的选择,能源股对石油价格敏感,在滞胀阶段前期表现超过大市。因此,在经济滞胀期企业年金的投资选择依次是:大宗商品＞现金＞债券＞股票。

二、企业年金大类资产配置策略

(一) 资产配置的重要性及内涵

投资组合的收益主要来源于资产配置、择时操作和证券选择三个方面。美国学者 Gibson 在 1986 年发表于《金融分析家》上的文章《组合绩效的决定》，根据其与美林证券在 1974~1983 年发起研究的 91 项大型退休计划项目的长期投资收益，证明资产配置是投资组合绩效的主要决定性因素，择时操作和证券挑选只起到了次要作用。当然，我们不能过于低估择时操作和证券挑选对组合收益的贡献，但上述研究结论表明，资产配置的能力是资产管理机构的核心能力。

在国内资产管理行业的语境中，资产配置包含了两个层次的含义：一是长期资产配置，即战略资产配置；二是策略性或战术性资产配置。

第一层含义，资产配置主要是根据投资者的投资收益目标、风险偏好和流动性要求等约束条件，确定组合在主要大类资产类别上的长期配置。对机构投资者而言，战略资产配置政策主要由机构所管理资金的性质决定；而对个人投资者而言，除个体差异外，资产配置政策主要受生命周期理论影响。资产管理中的生命周期理论，指随着个人投资者年龄的变化，其财富积累能力、风险偏好、投资目标和约束条件等也发生变化，因而在资产配置上需要根据投资者所处不同的生命周期阶段，匹配不同的投资政策和配置策略。

第二层含义，资产管理机构一般认为，在经济周期的不同阶段或宏观经济政策等的影响下，各大类资产的表现会有很大差异，因此应根据对经济形势和政策的判断，适度增配看好其表现的资产，减配不看好其表现的资产。此理论中，最著名的即为美林投资时钟理论。美林投资时钟理论认为，各主要大类资产在经济周期中的不同阶段具有不同的表现，因此，在进行资产配置时，应根据对经济周期所处阶段的判断，超配在对应周期阶段表现可能最优的资产，以取得更好的投资效果。实际上，战术资产配置更多的是一种择时的操作。

（二）国内年金管理机构的资产配置现状

虽然资产管理在我国起步较晚，但我国年金资产管理行业近年发展迅猛，已经形成了包括商业银行、基金公司、保险公司、券商等机构投资者在内的泛资产管理行业。在资产配置能力方面，与国外同行相比，我国年金资产管理机构进步比较明显。各主要年金资产管理机构均建立了涵盖存款和货币市场、债券、股票以及另类投资等主要大类资产类别的完整投资谱系和投资决策流程，整体组合在大类资产上体现出较为均衡和分散的特征，培养了一批理论功底扎实和具有一定实战经验的投资经理队伍。

不同类型的机构在大类配置上的侧重点存在明显差异。保险公司和银行部门在风险偏好上表现出很大的相似性。在其投资组合中，包括存款、货币市场工具、债券和融资项目等在内的固定收益类和类固定收益类投资占据绝对优势，比例均超过80%；而权益类资产的占比则明显偏低，若考虑到银行部门所投资的权益类项目中相当一部分为明股实债项目或具有权益性质的夹层融资项目，其在权益性资产上的配置更低。保险公司在债券类资产配置上表现出明显的偏向，在投资组合中的占比超过40%；而银行则在债权融资项目等"非标"配置上表现出明显偏向，在投资组合中的占比为1/4左右，考虑到银行部门的权益类投资和债券类投资中可能均包含一定比例的债权融资品种，实际的配置比例可能接近30%。企业年金等处于发展期的养老金产品的资产配置也表现出明显的固定收益倾向。根据人社部的规定，在企业年金的投资组合中，权益类投资不得超过30%，银行存款和货币市场工具不得低于5%，理财产品和信托等"非标"不得高于30%。由于国内建立企业年金计划的主要是大型国有企业，其风险偏好明显偏于保守，企业年金实际投资权益类资产的占比远不足30%，实际可能不超过15%。

在银行理财部门因监管要求和流动性考虑等而降低"非标"配置的同时，其他资产管理机构纷纷向"非标"进军，保险公司的债权计划规模明显提升，券商主动管理的部分专户类产品（包括券商自营的）、部分基金转化类产品等均在"非标"的配置方面取得了突破，且规模上升很快。"非标"绝对收益较高，且不必做市值重估等方面的优势，是吸引资产管理机构的主要原因。券商定向资产管理计划、信托计划、基金子公司的规模虽然增长迅猛，但由于其中与银行理财和同业条线对接的通道类业务占据相当大的比重，所以其大类资产配置更多地体现出银行理财和同业资金的偏好。在信托公司主动管理的信托计划中，债权类或结构化股权类融资项目占据绝对比例。

（三）年金大类资产配置的不足与约束

虽然国内年金资产管理机构在大类资产配置能力方面进步神速，但也存在明显的问题和不足，主要表现在以下几个方面：

第一，在组合管理技术方面，由于国内主要大类资产类别起步较晚，历史数据缺乏，国内资产管理机构在进行资产配置决策时，定性分析多而定量分析不足。同时，各主要资产管理机构的投资管理系统也亟待进一步完善。此外，与我国庞大的企业年金规模、未来的巨大发展空间以及所面临的挑战相比，资产管理行业特别是企业年金的投资和研究人员配置明显不足。

第二，银行理财部门、信托公司在过去的发展路径上较多地依赖管制套利，通过打通不同市场之间的分割、创设和引入新的投资工具等方式，获取更高的投资收益，在大类资产配置上，对信贷资产或融资项目等"非标"的依赖性较高。这与我国过去10年所处的由利率管制向利率市场化过渡的特殊历史时期有着不可分割的关系，也让理财和信托被冠以影子银行的帽子。随着我国利率市场化的逐步到位，未来银行理财产品必须回归依靠专业能力进行资产配置、择时和证券选择的道路，这无疑是银行理财等资产管理机构必须面临的挑战。

第三，银行理财部门、信托公司、部分基金子公司等资产管理机构在资产配置上过于偏重固定收益类资产，而对权益类资产的挖掘欠缺。虽然A股市场过高的波动性和内在的制度缺陷是使投资者望而却步的重要原因，但长期资产配置中权益类资产的缺乏将导致组合的进取性和成长性受到很大限制，使得投资者无法充分分享经济增长带来的长期机会。

第四，从宏观层面看，与国外同行相比，国内主要资产管理机构在对冲基金类资产和量化投资方面的配置几乎可以忽略不计。这对愿意承担风险、希望通过不断优化策略增加组合的投资者无疑是不利的。

企业年金在进行资产配置时，也存在较多的约束，主要表现在以下几点：

第一，企业年金基金必须要有足够的现金用以支付到期责任。企业年金由于存在待遇支付的问题，所以需要保持足够的现金用以支付到期责任，必要的流动性储备则成为企业年金资产配置的约束条件之一，过多的流动性会降低企业年金的投资收益，过少则会产生流动性危机。

第二，企业年金总资本量的大小。企业年金资本总量的大小决定该组合参与市场投资的能力，同时也影响该年金在投资标的上的选择，如总资本量大，在投资中需要选择流动性好，成交量较大的品种，反之则对此要求较低。特别是在国内的银行间债券市场，资本总量大的组合可以参与银行间债券市场的投资，总量小的组合则相对受限制。

第三，企业年金投资管理的水平、风险偏好等对企业年金的资产配置也有影响。企业年金投资管理人的管理水平及风险偏好对企业年金的投资风格有直接影响，从而影响年金投资的资产配置。激进的投资管理人更倾向于通过提高权益类配置，或者在权益类配置中增加波动率来提高预期收益，而相对保守的投资管理人则更倾向于在固定收益类产品上或者预期收益稳定的权益类产品上寻求资本增值。

第四，计划委托人的需求。计划委托人的需求是影响投资管理人资产配置的重要因素，他们最了解自己的企业职工的风险偏好能力和年龄结构层次，会据此对投资管理人提出一定的约束，如对组合类型、投资比例、风险偏好等方面的限制，这点也是企业年金资产配置约束的客观条件之一。

第五，国际资本市场和本国资本市场的发展状况。企业年金计划在选择投资标的时，很大程度上要受国际和本国资本市场发达程度的影响，资本市场发展的深度和广度制约着企业年金可供选择的资产类型以及数量。国际资本市场和本国资本市场发展状况是企业年金投资和赖以生存的大环境，环境的好坏直接影响到企业年金资产的投资效率及投资质量。

三、企业年金的投资策略选择

企业年金投资运营的目的是为了获得投资收益，实现基金的保值增值。虽然企业年金是长期性资金，可以承受一定的短期风险，但在企业年金起步时期，作为所有人的广大职工对于短期可能出现的亏损是异常敏感的。因此，安全保本的投资理念相当重要。为了有效适应市场变化的趋势和更好地满足客户的需求，根据企业年金参与人风险偏好程度的不同，我们将企业年金投资的策略大致分为以下四种类型：固定收益型、稳健增长型、保本增值型和积极进取型。企业年金理事会或受托人可以根据企业员工的风险偏好和风险承受能力，在人社部23号、24号文的框架下，遵循"分散、保本、增值"的原则制定自己的投资策略，在保证本金不损失的前提下，力争获取较高的预期收益水平，实现更多的收益。

（一）绝对收益型投资策略

1. 投资管理目标

在新的政策法规允许的条件下，该策略组合对宏观经济、通货膨胀、利率政策和项目信用风险等进行深入的研究，并通过对固定收益债权类产品的久期水平、期限结构和类属配置的有效管理，在保持年金资产本金安全性的基础上，尽量使企业年金获得较高的稳定收益。

2. 投资范围与比例

该策略是在保证年金组合流动性的基础上，将大量的资产投资于具有较好收益保障的固定收益类产品，具体配置比例如下：

（1）活期存款、央行票据、债券回购、货币基金等流动性资产——不低于组合资产净值的5%，重点可以考虑具有较高收益的货币基金和债券回购。

（2）协议存款、信用等级在AA+（含AA+）以上的基础设施债权计划和信托、商业银行理财、特定资产管理计划、固定收益型养老金产品等非市值波动的产品——不低于组合资产净值的80%；其中，以协议存款、基础设施债权计划、商业银行理财、信托产品等具有固定收益的产品为主，信托产品、商业银行理财产品、基础设施债权计划和特定资产管理计划的投资比例合计不高于组合资产净值的30%。

（3）不直接从二级市场买入股票、权证和可转债等，但可用不超过组合15%的资产参与一级市场新股的申购、增发和可转债申购，所申购的股票或债券需在上市10个交易日内卖出。

3. 适用条件

该策略主要追求长期绝对的收益，不容易受市场利率波动的影响，收益比较稳定。利率升高时债券价格一般会下跌，但由于组合大部分投资的为非市值波动产品，以持有至到期为主，不管持有期利率上升还是下降，资产最初买入的时点才是关键，即"择时操作"很重要。在不考虑违约的情况下，若买入时利率较高，则到期可获得较高收益，若买入时利率较低，则到期获得的收益也较低。

4. 投资策略

该策略在分析经济周期的基础上，结合宏观政策方向及收益率曲线，采取相对被动的投资组合管理方式，以获取较稳定的固定组合投资收益。

（1）资产配置。结合宏观经济因素、市场估值因素、政策因素、市场情绪因素等分析各类资产的市场趋势和收益风险水平，进而对每类资产进行动态调整。在具备足够多预期风险可控、收益率良好的投资标的时，优先考虑非市值波动的协议存款、银行固定收益理财及期限较短的基础设施债权计划等。除以上投资策略外，还可通过其他信托、特定资产管理等固定收益的投资策略，在年金组合风险可控的条件下，增强组合的整体收益。

（2）行业配置策略。

1）重点行业资产配置。通过对国家宏观经济运行、产业结构调整、行业自身生命周期、对国民经济发展贡献程度以及行业技术创新等影响行业中长期发展的根本性因素进行分析，从行业对上述因素变化的敏感程度和受益程度入手，筛选处于稳定的中长期发展趋势和预期进入稳定的中长期发展趋势的行业作为重点行业资产进行配置。

2）焦点行业资产配置。对于国家宏观经济运行过程中产生的阶段性焦点行业，通过对经济运行周期、行业竞争态势以及国家产业政策调整等影响行业短期运行情况的因素进行分析和研究，筛选具有短期重点发展趋势的行业资产进行配置，并依据上述因素的短期变化对行业配置权重进行动态调整。

（3）利率分析策略与久期管理策略。重点考察市场利率的动态变化及预期变化，以短期利率为基础，对未来通货膨胀、GDP增长、货币供应量、国际利率水平、汇率、政府宏观政策导向等引起利率变化的相关因素进行深入的研究，分析宏观经济运行的可能情景，并在此基础上判断包括财政政策、货币政策在内的宏观经济政策取向，对市场利率水平和收益率曲线未来的变化趋势做出预测和判断，结合债券市场资金供求结构及变化趋势，确定固定收益类资产的久期配置。当预期市场利率水平将上升时，适当降低组合久期；当预期市场利率将下降时，适当提高组合久期。

（4）存款类资产的投资策略。银行协议存款是组合的主要投资对象之一。在确保安全性和流动性的前提下，通过不同商业银行和不同存款期限的比较，综合考虑利率报价和银行信用，按照协议存款的选择标准，在获取较高投资收益的同时尽量分散投资风险，提高存款及存单资产的流动性。通过对宏观经济、宏观政策、市场资金面等因素的综合分析，对资金利率变动趋势进行评估，最大限度地优化存款期限。

（5）非公开定向债务融资工具投资策略。由于非公开定向债务融资工具采取非公开方式发行和交易，并限制投资者数量上限，整体流动性相对较差。同时，受到发债主体资产规模、经营波动性以及信用基本面稳定性的影响较大，信息披露要求较低，整体的信用风险相对较高。中小企业私募债券的这两个特点要求在具体的投资过程中，应采取更为谨慎的投资策略。投资该类债券的核心要点是分析和跟踪发债主体的信用基本面，并综合考虑信用基本面、债券收益率和流动性等要素，确定最终的投资决策。

（6）流动性管理策略。通过对年金基金的待遇支付情况、季节性资金流动情况和日历效应等因素进行跟踪，以降低组合久期等方式提高基金资产整体的流动性，将流动类资产的到期日进行均衡等量配置，以确保年金基金资产的变现需求。由于季节性需求、新股申购等原因导致短期资金需求剧增的机会，管理人可通过逆回购的方式融出资金以分享短期资金利率陡升的投资机会。

5. 业绩比较基准

该策略组合的业绩比较基准为：同期银行三年期定期存款基准利率。

由于该策略组合以安全性较高的非市值波动固定收益类资产为主，以持有到期为目的，所投项目以中长期项目为主，且银行三年期定期存款基准利率基本可以跑赢通胀率，因此，将同期三年期银行定期存款基准利率作为比较基准具有一定合理性。

6. 风险收益特征

组合整体以配置非市值波动类资产为主，通过证券"择时选择"并买入持有以追求绝对收益为目标，适宜低风险保守投资者选择。该策略的最大亮点在于到期可获得绝对收益，并且组合每年受市场波动的影响较小。

(二) 固定收益型投资策略

1. 投资管理目标

在符合相关法律法规和政策要求的前提下，该策略组合对宏观经济、通货膨胀、利率政策和信用风险等进行深入的研究，并通过对债券久期水平、期限结构和类属配置的有效管理，在保持基金资产本金安全性和资产高流动性的基础上，力争获得超过基金业绩比较基准的稳定收益。

2. 投资范围与比例

该策略的投资范围主要为具有较好收益保障的固定收益类产品，具体包括：

（1）活期存款、央行票据、债券回购、货币基金等流动性资产——不低于组合资产净值的5%。

（2）国债、金融债、信用等级在 AA＋（含 AA＋）以上的公司债、企业债、短期融资券、中期票据以及债券基金等市值波动类固定收益产品——不高于组合资产净值的55%；其中，信用债合计不高于组合资产净值的30%，利率债合计不高于组合资产净值的15%，债券基金不高于组合资产净值的10%。

（3）定期存款、协议存款、商业银行理财产品、基础设施债权计划、特定资产管理计划等非市值波动类固定收益类产品的投资比例不低于组合资产净值的40%，其中，商业银行理财产品、基础设施债权计划和特定资产管理计划的投资比例合计不高于组合资产净值的30%。

（4）不直接从二级市场买入股票、权证和可转债等，也不直接参与一级市场新股申购、新股增发和可转债申购。

3. 适用条件

该策略主要追求长期的固定收益。通常在经济萧条，即投资收益较低的时候，这种策略具有吸引力；在经济高涨时，大部分资产的收益率较高的情况下，采用这种投资策略会使企业年金的营利性受到损失，也就是说，不像其他投资项目那样具有更高的收益率。所以该策略主要适用于经济不景气，预期市场利率下行的宏观经济环境。

4. 投资策略

该策略以中长期利率趋势分析为基础，结合经济周期、宏观政策方向及收益率曲线分析，采取相对被动的债券投资组合管理方式，以获取较稳定的债券组合投资收益。

（1）利率分析策略与久期管理策略。重点考察市场利率的动态变化及预期变化，以中长期利率趋势分析为基础，对通货膨胀、GDP 增长、货币供应量、国际利率水平、汇率、政府宏观政策导向等引起利率变化的相关因素进行深入的研究，分析宏观经济运行的可能情景，并在此基础上判断包括财政政策、货币政策在内的宏观经济政策取向，对市场利率水平和收益率曲线未来的变化趋势做出预测和判断，结合债券市场资金供求结构及变化趋势，确定固定收益类资产的久期配置。

（2）类属配置策略。合理配置各类固定收益工具，如银行存款、国债、金融债、企业（公司）债、短期融资券、中期票据、债权计划、债券基金以及活期存款、货币基金等流动性投资品种，通过类属配置满足基金流动性需求并获得投资收益。该策略要对市场资金面、年金基金待遇支付的变化进行动态分析，在高流动性资产和流动性较低资产之间寻找平衡，以满足组合的日常流动性需求；通过对各类属资产的相对收益、利差变化、流动性风险、信用风险等因素的分析来确定各类属具体配置比例，选择具有投资价值的品种，以获取稳定回报。

（3）存款类资产的投资策略。银行协议存款和定期存款是组合的主要投资对象之一。在确保安全性和流动性的前提下，通过不同商业银行和不同存款期限的选择，挖掘出利率报价较高的多家银行进行银行协议存款和大额存单的投资，在获取较高投资收益的同时尽量分散投资风险，提高存款及存单资产的流动性。通过对宏观经济、宏观政策、市场资金面等因素的综合分析，对资金利率变动趋势进行评估，最大限度地优化存款期限。

（4）信用债投资策略。还将重点投资信用债，以提高组合收益能力。信用债券相对央票、国债等利率产品的信用利差是该组合获取较高投资收益的来源，信用债市场整体的信用利差水平和信用债发行主体自身信用状况的变化都会对信用债个券的利差水平产生重要影响，因此，该组合一方面可以从经济周期、国家政策、行业景气度和债券市场的供求状况等多个方面考量信用利差的整体变化趋势；另一方面还可以参照内部信用评级、辅以外部信用评级，即采用内外结合的信用研究和评级制度,研究债券发行主体企业的基本面,以确定企业主体债的实际信用状况。具体而言,组合的信用债投资策略主要包括信用利差曲线配置和信用债券精选两个方面。

1)信用利差曲线配置。信用利差曲线的走势能够直接影响相应债券品种的信用利差。因此,可以基于信用利差曲线的变化进行相应的信用债券配置操作。首先,投资人要研究和分析经济周期、国家政策、行业景气度、信用债券市场供求、信用债券市场结构、信用债券品种的流动性以及相关市场等因素变化对信用利差曲线的影响;其次,综合参考外部权威、专业信用评级机构的研究成果,预判信用利差曲线整体及分行业走势;最后,在此基础上,确定信用债券总的配置比例及其分行业投资比例。

2)信用债券精选。依托年金管理人的专业研究能力,并综合参考外部权威、专业研究机构的研究成果,对发债主体企业进行深入的基本面分析,并结合债券的发行条款,以确定信用债券的实际信用风险状况及其信用利差水平,挖掘并投资于信用风险相对较低、信用利差相对较大的优质品种。

发债主体的信用基本面分析是信用债投资的基础性工作。具体的分析内容及指标包括但不限于国民经济运行的周期阶段、债券发行人所处行业发展前景、发行人业务发展状况、企业市场地位、财务状况、管理水平及其债务水平等。在内部信用评级结果的基础上,综合分析个券的到期收益率、交易量、票息率、信用等级、信用利差水平、税赋特点等因素,对个券进行内在价值的评估,精选估值合理或者相对估值较低、到期收益率较高、票息率较高的债券。

(5)非公开定向债务融资工具投资策略。由于非公开定向债务融资工具采取非公开方式发行和交易,并限制投资者数量上限,整体流动性相对较差。同时,受到发债主体资产规模、经营波动性以及信用基本面稳定性的影响较大,信息披露要求较低,整体的信用风险相对较高。中小企业私募债券的这两个特点要求在具体的投资过程中,应采取更为谨慎的投资策略。投资该类债券的核心要点是分析和跟踪发债主体的信用基本面,并综合考虑信用基本面、债券收益率和流动性等要素,确定最终的投资决策。

(6)流动性管理策略。通过对年金基金的待遇支付情况、季节性资金流动情况和日历效应等因素进行跟踪,以降低组合久期等方式提高基金资产整体的流动性,将流动类资产的到期日进行均衡等量配置,以确保年金基金资产的变现需求。由于季节性需求、新股申购等原因导致短期资金需求剧增的机会,管理人可通过逆回购的方式融出资金以分享短期资金利率陡升的投资机会。

5. 业绩比较基准

该策略组合的业绩比较基准为：年通货膨胀率 + 一年期定期存款税后利率。

由于该策略组合以安全性较高的固定收益类资产为主，固定收益类资产的收益受利率因素的影响较大，通货膨胀率可看作货币资金的贬值速度，名义收益率扣除通货膨胀率才可以看到实际的投资收益率；定期存款利率可以看作货币资金在一年期间的时间价值，年金的投资收益只有超越年通货膨胀率和一年期定期存款利率之和，才算实现了真正的收益。通货膨胀率以国家统计局每年公布的 CPI 为准，定期存款利率参照央行公布的最新基准利率。

6. 风险收益特征

该组合不直接投资于股票、股票基金等权益类资产，仅投资银行定期存款、协议存款、债券等固定收益类产品以及活期存款、货币基金等流动性资产，风险低收益稳定。通常在经济萧条即投资收益少的时候，这种投资具有吸引力。但在经济高涨时，大部分资产的收益率较高的情况下，采用这种投资策略会使企业年金的营利性受到损失，也就是说，不像其他投资项目那样具有更高的收益率，而且这种投资策略还取决于国家投资政策的规定是否能确保投资具有真正的实际收益率。

（三）稳健增长型投资策略

1. 投资管理目标

在符合相关法律法规和政策要求的前提下，通过对宏观经济、资本市场运行趋势的前瞻性研判，预测未来利率水平及其变化趋势，力求准确把握货币市场工具和标准化固定收益类资产的投资机会，在严格控制投资风险的前提下，确保企业年金基金账户资产的安全、无亏损，并运用灵活、积极的管理手段，实现委托资产收益的稳健增长。

2. 投资范围与比例

稳健增长型投资策略的投资范围主要包括：

（1）活期存款、货币基金、债券回购、央行票据等流动性资产——不低于组合资产净值的5%，其中，用于申购新股和债券回购的资金合计不高于组合资产净值的20%。

（2）国债、金融债、企业债、公司债、可转债、短期融资券、中期票据、债券基金等市值波动类固定收益产品——不低于组合资产净值的40%，其中，可转债合计不高于组合资产净值的10%，债券基金合计不高于组合资产净值的10%。

（3）银行定期存款、协议存款、商业银行理财产品、基础设施债权计划、特定资产管理计划等非市值波动类固定收益产品——不高于组合资产净值的40%，其中，商业银行理财产品、基础设施债权计划、特定资产管理计划的投资比例合计不高于组合资产净值的20%。

（4）不直接投资于二级市场股票、权证等权益类资产，但可投资于一级市场新股申购、股票增发、持有可转债转股所得股票等非固定收益类金融品种，申购所获新股或被动持有的权证应在上市可交易后十个交易日内卖出。上述非固定收益类金融品种的持有比例合计不超过组合资产净值的20%。

3. 适用条件

该策略组合主要投资于固定收益类产品和较为安全的权益类产品，在市场环境差的时候可以投资流动性资产和安全性较高的固定收益产品，在市场环境趋暖的时候加大对"非标"产品以及新股申购、股票增发等权益性产品。所以该策略主要适用于徘徊时期的宏观经济，投资者对中长期的市场拿捏不准或者市场走势不明朗，企业年金投资者可以运用该策略适时调整投资组合的头寸。

4. 投资策略

根据对宏观经济趋势、国家宏观调控政策方向、行业和企业盈利、信用状况及其变化趋势、债券市场和股票市场估值水平及预期收益等因素的动态分析，在限定投资范围内，决定流动性资产、固定收益类资产和权益类资产的配置比例，并跟踪影响资产配置策略的各种因素的变化，定期或不定期对大类资产配置比例进行调整。

（1）大类资产配置策略。通过对宏观经济指标、货币政策和财政政策、国家产业政策以及资本市场资金环境的分析，预判宏观经济发展趋势及利率走势，据此评价未来一定时间段内债券、股票市场相对收益率，同时评估各类资产在未来一定时间段内流动性和信用水平，以投资目标为指导，动态调整债权、股权及现金类资产的配置比例，以期实现组合投资目标。

以"战略性资产配置为主，战术性资产配置为辅"的方式进行大类资产配置；通过战略性资产配置在较长时间框架内考察评判各类资产的预期收益和风险，然后确定最能满足该策略风险收益特征的资产组合；通过战术性资产配置在较短时间框架内考察各类资产的收益能力，预测短期收益率，动态调整大类资产配置，获取市场时机选择的超额收益。

（2）固定收益类投资策略。

1）久期配置策略。以全球经济的视野认真研判全球及中国宏观经济运行情况，及由此引致的货币政策、财政政策，密切跟踪 CPI、PPI、M2、M1、汇率等利率敏感指标，通过定性与定量相结合的方式，对未来中国债券市场利率走势进行分析与判断，并由此确定合理的债券组合久期。原则上，利率处于上行通道中，则缩短目标久期；反之则延长目标久期。

2）期限结构配置策略。原则上是基于收益率曲线变化的情景分析，自上而下地进行资产配置，构建最优化债券组合。在确定组合目标久期后，通过研究收益率曲线结构，采用情景分析方法对各期限段债券风险收益特征进行评估，将预期收益率与波动率匹配度最高的期限段进行配比，从而在子弹组合、哑铃组合和梯形组合中选择风险收益特征最优的配置组合。

3）类属配置策略。通过考量不同类型固定收益品种的信用风险、市场风险、流动性、赋税水平等因素，研究同期限各投资品种利差及其变化趋势，制定债券类属配置策略，以捕获不同债券类属之间利差变化所带来的潜在投资收益。

4）信用类债券策略。通过研判宏观经济走势，债券发行主体所处行业周期以及其财务状况，对固定收益品种的信用风险进行度量和定价，分析其收益率相对于信用风险的溢价能力，结合流动性水平综合考虑，选择信用利差溢价较高且不失流动性的品种。

5）回购放大策略。可以在基础组合基础上，使用基础组合持有的债券进行回购放大融入短期资金滚动操作，同时选择交易所和银行间品种进行投资以捕获骑乘及短期债券与货币市场利率的利差。

6）可转换债券投资策略。综合考量可转换债券的股权价值、债券价值以及其转换期权价值，以选择具有较高投资价值的可转换债券。可以重点关注公司基本面良好、具备良好的成长空间与潜力、转股溢价率和投资溢价率合理并有一定下行保护的可转债。

(3) 权益类品种的投资策略。

1) 一级市场股票投资策略。在考虑本金安全的基础上，根据新股发行公司的基本面、可比公司的估值水平、近期新股发行市盈率、二级市场走势的市场预期等因素，对于拟发行上市的新股进行合理估值，制定相应的申购策略，并于锁定期后在控制组合波动性风险的前提下择时出售，以提高基金资产的收益率水平。

2) 权证投资策略。对于被动持有的权证，运用价值发现和价差策略，并在规定时间内力图获得最佳风险调整后收益。

(4) 组合构建。

1) 货币市场工具。其功能是进行资金的流动性管理，同时，当中长期债券收益率面临上升风险的情况下，货币市场工具可以起到较好的避险作用。该组合对货币市场工具的投资策略是：在确定基金总体流动性要求的基础上，结合不同类型货币市场工具的流动性和货币市场预期收益水平、信用水平来确定货币市场工具组合资产配置，并定期对货币市场工具组合平均剩余期限以及投资品种比例进行适当调整。

2) 债券投资组合构建。中国债券市场的波动主要受宏观经济运行趋势、通胀压力、资金供求等因素影响，而货币政策与宏观经济运行趋势之间存在紧密联系，以上因素共同构成债券市场收益率的驱动机制。据此，可以建立了自上而下和自下而上两方面的研究流程，自上而下的研究包含宏观基本面分析、资金技术面分析，自下而上的研究包含信用分析、个券分析、创新金融工具和交易策略分析，由此形成宏观和微观层面相配套的研究决策体系，最后形成具体的投资策略。建议推行定量和定性研究相结合的研究方法体系，对于有数据保证、能够进行数量化分析的因素，力求首先进行定量研究，以加强对数据的把握能力。

5. 业绩比较基准

该策略组合的业绩比较基准为：中国债券综合全价指数。

中国债券综合全价指数是由中央国债登记结算有限责任公司编制，样本债券涵盖的范围更加全面，具有广泛的市场代表性，涵盖主要交易市场（银行间市场、交易所市场等）、不同发行主体（政府、企业等）和期限（长期、中期、短期等），能够很好地反映中国债券市场总体价格水平和变动趋势。中债综合指数各项指标值的时间序列更加完整，有利于更加深入地研究和分析市场。在综合考虑了指数的权威性和代表性、指数的编制方法和本策略的投资范围和投资理念，选择市场认同度较高的中国债券综合全价指数作为业绩比较基准。

6. 风险收益特征

根据年金投资安全第一、适当收益的原则，该策略组合主要投资于固定收益类产品和较为安全的权益类产品，在市场环境差的时候以投资流动性资产、国债、金融债以及具有担保性质的公司债和企业债等来保证本金的安全，在市场环境趋暖的时候加大对信用债、可转债和非标资产的投资以获得高额收益，从而达到年金组合保本增值的目的。该产品属于风险较低品种，适合有较长投资期限，对本金安全要求高，并且希望获得一定收益的职工来选择。

（四）保本增值型投资策略

1. 投资目标

该策略首先根据宏观经济形势、央行货币政策、短期资金市场状况等因素对短期利率走势进行综合判断，然后形成利率动态预期，按照恒定比例投资组合保险机制进行资产配置，在确保保本期到期时本金安全的基础上，力争实现基金资产的增值。

2. 投资范围与比例

根据中国宏观经济状况和证券市场的阶段性变化，按照投资组合保险机制对安全资产（包括债券、货币市场工具等固定收益资产）和风险资产（股票、权证等权益资产）的投资比例进行动态调整。其中：

（1）活期存款、货币基金、债券回购等流动性资产的投资比例不低于组合资产净值的5%。

（2）股票、股票基金、混合基金等权益类风险资产占组合资产净值的比例不高于20%。

（3）国债、金融债、信用等级在 AA+（含 AA+）以上的企业债、公司债、短期融资券、中期票据以及债券基金等安全性资产占组合资产净值的比例不低于75%，而其中以定期存款、协议存款以及企业债、银行固定收益理财、基础设施债权计划等具有稳定收益的安全性资产为主。

3. 适用条件

遵循保本增值的投资理念，把债券投资的潜在收益与基金前期已实现收益作为后期投资的风险损失限额，按照恒定比例投资组合保险（CPPI）的机制进行资产配置，在确保本金安全和资金流动性的前提下，实现保本和增值的目的。在经济形势较为明朗，预期未来利率走势上行的情况下，年金投资者将会考虑更多地投资于一些风险较大的股权类产品和收益较高的固定收益产品，并且随着预期的增强，风险乘数也会逐步放大。

4. 投资策略

该策略采用恒定比例投资组合保险策略（CPPI）来实现保本和增值的目标。恒定比例投资组合保险策略不仅能从投资组合资产配置的层面上使基金保本期到期日基金净值低于本金的概率最小化，而且还能在一定程度上使保本基金受益于股票市场在中长期内整体性上涨的特点。

CPPI是国际通行的一种投资组合保险策略，它主要是通过数量分析，根据市场的波动来调整、修正风险资产的可放大倍数（风险乘数），以确保投资组合在一段时间以后的价值不低于事先设定的某一目标价值，从而达到对投资组合保值增值的目的。在基金资产可放大倍数的管理上，委托人可要求投资管理人的研究团队在定量分析的基础上，根据CPPI数理机制、历史模拟和目前市场状况定期出具保本基金资产配置建议报告，给出放大倍数的合理上限的建议，供年金理事会或委托人作为基金资产配置的参考。

CPPI的投资步骤分为：①基于CPPI策略计算防守垫大小，根据对市场波幅的历史数据和对未来的展望，给出最大放大倍数，并形成相应的报告提交给年金理事会或委托人；②年金理事会或委托人根据报告，确定股票投资比例上限，下达给基金管理人；③基金管理人在理事会或委托人所确定的股票投资比例上限之内进行股票和债券的组合管理。

假设在调整时刻 t 资产总值和底值分别为 A_t 和 F_t，那么在 $t+\Delta t$ 时刻组合可投资于风险资产的值为 $E_{t+\Delta t} = m(A_t - F_t)$，$\Delta t$ 为调整所需要的交易时间，与整个投资期相比是一个很小的量。

根据 CPPI，该保本策略成功的充分必要条件为：①风险资产在调整点之间的损失金额≤防守垫－价值底线在调整点之间的增加额；②防守垫＝风险资产投资额/放大倍数；③等价于：风险资产在调整点之间下跌比例≤1/放大倍数 m。

根据 CPPI 进行资产配置是一个动态调整的过程，在投资的过程中，设定一系列的调整点来调整资产配置比例来达到保本的目的。如果股票上涨，那么投资组合净值上涨，防守垫增大，更多的资金从债券转到股票；如果股票下跌，那么投资组合净值下跌，防守垫缩小，更多的资金从股票转到债券；但投资组合净值最多下跌至底线，即防守垫最多缩小为零，这时投资组合全部转换为债券，投资组合演变成稳健增长型，到期至少能够保证本金的安全。

（1）资产配置策略。分为两个层次：一层为对风险资产和安全资产的配置，该层次以恒定比例组合保险策略为依据，即风险资产部分所能承受的损失最大不能超过安全资产部分所产生的收益；另一层为对风险资产部分的配置策略，依据稳健投资、安全第一的原则，以低风险性、在保本期内具备中期上涨潜力为主要标准，构建风险资产组合。

（2）固定收益类投资策略。该策略将密切关注经济运行的质量与效率，把握领先指标，预测未来走势，深入分析国家推行的财政与货币政策对未来宏观经济运行以及投资环境的影响。宏观经济运行中的价格指数与中央银行的货币供给与利率政策研判将成为投资决策的基本依据，并作为债券组合的久期配置依据。在宏观分析及其决定的久期配置范围下，该策略将进行类属配置以贯彻久期策略。对不同类属债券，将对其收益和风险情况进行评估，评估其为组合提供持有期收益和价差收益的能力，同时关注其利率风险、信用风险和流动性风险。该策略的固定收益投资策略还包括以下几方面：

1）持有相当数量剩余期限与保本期相近的定期存款、协议存款、国债、金融债等安全性资产，这部分投资可以保证债券组合收益的稳定性，尽可能地控制利率、收益率曲线等各种风险。

2）综合考虑收益性、流动性和风险性，进行积极投资。这部分投资包括企业债、公司债以及中期票据、债券基金等。积极性策略主要包括根据利率预测调整组合久期、选择低估值债券进行投资、把握市场上的无风险套利机会，利用杠杆原理以及各种衍生工具，增加盈利性、控制风险等，以争取获得适当的超额收益，提高整体组合收益率。

3）利用银行间市场和交易所市场现券存量进行国债回购所得的资金积极

参与新股申购、新股增发和配售，以获得股票一级市场的可能投资回报。

（3）股票投资策略。重点对股市趋势的研究，在股票投资限额之下，发挥时机选择能力，通过高抛低吸，控制股票市场下跌风险，分享股票市场成长收益。依据稳健投资、风险第一的原则，以低风险性、在保本期内具备中期上涨潜力为主要标准，构建股票组合，同时兼顾股票的流动性。

1）根据宏观经济运行、上下游行业运行态势与利益分配的观察来确定优势或景气行业，以最低的组合风险精选并确定最优质的股票组合。在行业选择中，注重宏观经济景气状况及所处阶段，主要分析目前经济增长的构成、来源、景气状况，寻找在当前增长模式下增长空间和弹性最大的行业，寻找经济转型中受益程度最高的行业，结合动态分析行业发展周期、与上下游关系与谈判地位，寻找产业链中由弱转强或优势扩大的行业。

2）在个股的选择上，首先按照风险性由低至高、中期上涨潜力由高至低和流动性由高至低对股票池内的股票进行排名，累加三项排名得到综合排名，取综合排名靠前的股票构建股票组合，进行组合投资。

通过选择风险低的股票，保证组合的稳定性；通过选择具中期上涨潜力的股票，保证组合的收益性；通过分散投资、组合投资和流动性管理，降低个股集中性风险和流动性风险。

3）在个股调仓中，将影响股价的各主要相关因素进行整合，以市场因素为横轴，公司基本面因素为纵轴，用量化的形式拟合出个股的交易策略，从而提升投资交易时点和方向的准确性和有效性。

通过对公司基本面的研究，对每只个股的运行区间进行定价，确定其满仓点和止盈点。同时，通过对市场的研判，对账户总仓位上限及行业配置比例进行决策，进而明确每只个股在总账户中的仓位上限。通过止盈点和满仓点的价格与仓位，确定一条经过两点的非线性函数方程。这条函数上的每一个点，代表当该个股股价处于某一水平时，组合应当持有的仓位水平。

根据这一策略，可以首先测算出在股票现价情况下，应当进行初始配置的仓位。随后，针对不同个股的运行特点，以股票现价为起点，做出股价每变动一定的百分比，所应进行加减仓的数量，并通过在投资系统中设定提示信息的方式，在股价达到该点位时进行提示，作为个股投资决策的辅助系统。

模型建立后，每周投研人员应对市场环境和公司基本面进行跟踪，对个股仓位上限和股价合理区间进行动态调整。每周根据新确定的股价合理区间和个股仓位上限重新拟合函数，制定下周调仓策略。

(4) 权证投资策略。不直接投资于权证，但因投资股票、分离交易可转换债等投资品种而衍生获得的权证，将在权证上市交易之日起 10 个交易日内卖出。

5. 业绩比较基准

该组合的业绩比较基准：与保本周期同期限的银行定期存款税后收益率，如三年期银行定期存款税后收益率。

该策略属于保本型策略，设有保本期限，以同期限银行定期存款税后收益率作为基金的业绩比较基准，在投资期限上较为类似，并且能够使基金投资者判断基金本身的风险收益特征。

6. 风险收益特征

意在积极把握股票、债券等市场发展趋势，从长期来看，其不仅可获得固定收益资产的稳定增值，还可以分享股票市场的高成长。在避免本金损失的前提下，追求较高的绝对回报，实现投资组合资产的持续增值，属于年金基金中的中风险中收益品种，适合风险承受能力中等，希望取得高收益的投资者来选择。

（五）积极进取型投资策略

1. 投资管理目标

该策略的投资目标是在严格控制风险的前提下，通过分散投资于回报较大、期限较长、风险较高的资产，精选高成长性的优质企业进行重点投资，并通过动态的资产配置，增加组合的超额收益，力争为企业年金带来长期的资产增值。

2. 投资范围与比例

该策略为混合型基金，投资标的物为具有良好流动性的金融工具，包括国内依法公开发行上市的各类股票、债券、短期金融工具、权证、股指期货及中国证监会允许基金投资的其他金融工具。

该策略的投资组合比例为：

（1）股票、股票基金、混合型基金、股票型养老金产品等权益类产品——合计不高于组合资产净值的 30%，其中投资于业绩优良并能稳定增长的上市公司股票和具有较大成长潜力的上市公司股票的资产合计不低于权益类资产的80%。

（2）银行定期存款、协议存款、国债、金融债、企业债、公司债、可转债、债权计划、债券基金等固定收益类产品——不低于组合资产净值的60%。

（3）活期存款、央行票据、货币基金、债券回购等流动性资产投资比例不低于组合资产净值的10%。

3. 投资理念

股票市场随着经济基本面的变化呈现周期性波动，该策略秉承价值投资的理念，通过灵活主动的投资操作，充分挖掘受益于中国经济增长的企业的核心价值，把握优质成长企业的投资机会，寻求价值被低估的证券。风险控制是实现投资目标的保障，该组合强调风险管理，通过策略持股创造收益，动态配置控制风险，以追求较高的绝对回报。

4. 投资策略

（1）资产配置策略。基于宏观经济环境、微观经济因素、经济周期情况、政策形势和证券市场趋势的综合分析，结合经济周期投资时钟理论，形成对不同市场周期的预测和判断，进行积极、灵活的资产配置，确定组合中股票、债券、现金等资产之间的投资比例。

通过积极分析判断市场趋势，运用战略资产配置策略和风险管理策略，系统化管理各大类资产的配置比例。该组合严谨衡量不同类别资产的预期风险/收益特征，评估股票市场价值，如股票市场价值的整体估值水平偏离企业实际的盈利状况和预期的成长率或预计将出现较大的偏离，组合将及时降低股票资产配置，或适度增加债券市场的配置权重，避免或减少可能给投资人带来潜在的资本损失。

（2）股票投资策略。在股票投资方面，根据上市公司的获利能力和成长潜力，主要可以区分为价值型股票和成长型股票。明确界定价值型和成长型股票的特征，并依据该特征分别构造一个股票资产池。基金投资于这两个资产池内股票的比例不低于股票投资部分的80%。

1）价值型股票投资策略。投资的对象主要是业绩优良并能持续稳定增长的上市公司。主要通过代表股东真实价值的经济附加值（EVA）指标体系进行选择，即以EVA为基础，建立一个上市公司投资价值评分体系，并重点选择连续两年EVA排名靠前的公司进行投资。

2) 成长型股票投资策略。采用积极主动的投资管理策略,通过深入研究中小板、创业板以及主板的上市公司,重点考察企业成长性等指标,并以企业增长驱动因素作归因分析,精选出高成长性企业进行重点投资。同时还将及时跟踪并把握市场趋势和个股的投资机会,通过对股票价格与价值相对波动和偏离程度的分析来掌握买卖时机,在股价的波动中适时实现收益。

第一,企业过往的成长性和盈利状况能够在一定程度上反映企业未来的增长潜力。首先通过企业成长性等定量指标初步筛选出成长潜力较大的上市公司作为组合的初选备用库。采用的具体财务指标主要包括主营业务收入增长率和净利润增长率,将这两个指标由高到低分别进行排序,然后将排名结果相加,所得的排名作为上市公司的综合排名,选取主营业务收入增长率和净利润增长率高于行业和市场平均水平的上市公司作为初选股票。

重点关注上市公司主营业务收入增长率,在年金组合投资管理人调研和分析的基础上主要选取未来两年预期主营业务收入增长率位于前1/2的上市公司。主营业务收入的增长所隐含的往往是企业市场份额的扩大,体现公司未来盈利潜力的提高,盈利稳定性的加大,公司持续成长能力的提升。

第二,针对初选备用库中的股票,进一步进行实地调研和深入研究,分析增长背后的驱动力量,判断这些驱动力量所带来的增长是否具备持续性。在此过程中,管理人可以应用企业成长驱动归因模型,重点从五个维度评价,对企业在未来两到三年的成长性进行分析和预测,精选出具有未来增长潜力的上市公司(见表5-1)。

表5-1 企业成长驱动归因模型

驱动要素	具体表现
行业成长前景	行业集中度和上市公司行业地位,所处行业的上下游运行态势与利益分配,行业发展前景,在行业竞争中上市公司受影响的程度
企业创新能力	企业是否具备战略规划,富有创新精神,关注技术、产品的革新和投资应用创新,获取企业增长动力和持续发展能力
核心竞争力	企业在规模经济、资源或政策垄断、品牌、经营效率等方面是否具有竞争对手在中长期时间内难以模仿的显著优势
市场战略	企业的市场吸引力和市场竞争地位两方面,如企业的市场规模增长、市场活动在产品生命周期中的位置、市场相对占有率、企业成本优势等
管理经营能力	企业的内部管理是否规范、科学,企业管理层的素质,管理水平是否能适应企业竞争优势的维持与开拓,以及是否设备管理层激励考核方式

企业成长驱动归因模型重点从五个维度对备选库股票进行综合评估,针对不同行业特征,按照一定的权重加权综合,得出该股票的综合评级。

第三,及时跟踪并把握市场趋势和个股的投资机会,结合股票规模、流动性和市值等多种因素,运用 SAR 转向指标、均线理论等技术分析手段,分析判断股票价格与价值相对波动和偏离程度,掌握买卖时机,在股价的波动中适时实现收益。此外,还可以积极把握经济转型结构中出现的投资机会,积极捕捉由于总体或特定的经济、社会、政策以及科技等方面的发展变化所带来的投资机会,获取一定的超额收益。

(3) 风险管理策略。在进行主动投资管理的过程中,尤其要关注风险控制,积极调整资产配置,控制下跌风险。

在资产配置方面,根据定量定性分析,在市场趋势发生变化时,灵活调整大类资产的配置比例,提高或降低风险资产持有比重;在股票投资方面,运用技术分析手段,从股票基本面变化、价格对比信号、收益率动态变化等方面进行有效跟踪,策略持有,而不片面强调中长期静态持有。把保护投资者利益放在首位,设身处地从投资者角度来控制投资风险,力争为投资者追求较高的绝对回报。

(4) 债券投资策略。可投资的债券品种包括国债、央行票据、金融债券、企业债券、公司债券、短期融资券、中期票据、债权计划、可转换债券(包括分离交易的可转换债券)、债券回购、债券基金等。在研判利率走势的基础上做出最佳的资产配置及风险控制。

在选择债券品种时,首先,根据宏观经济分析、资金面动向分析和投资人行为分析判断未来利率期限结构变化,并充分考虑组合的流动性管理的实际情况,配置债券组合的久期;其次,结合信用分析、流动性分析、税收分析等确定债券组合的类属配置;最后,在上述基础上进行个券选择,重点分析债券发行人的债信品质,包括发行机构以及保证机构的偿债能力、财务结构与安全性等,对可转债的投资,结合对股票走势的判断,发现其套利机会。

(5) 股指期货投资策略。在进行股指期货投资时,根据风险管理原则,以套期保值为主要目的,采用流动性好、交易活跃的期货合约,通过对证券市场和期货市场运行趋势的研究,结合股指期货的定价模型寻求其合理的估值水平,与现货资产进行匹配,通过多头或空头套期保值等策略进行套期保值操作。

基金管理人将充分考虑股指期货的收益性、流动性及风险性特征,运用股指期货对冲系统性风险、对冲特殊情况下的流动性风险等；利用金融衍生品的杠杆作用，以达到降低投资组合的整体风险的目的。

5. 业绩比较基准

该策略业绩比较基准：中国债券综合指数（全价）×75% + 沪深 300 指数收益率×25%。

中国债券综合指数是由中央国债登记结算有限责任公司编制的中国全市场债券指数，除了美元债、资产支持证券和部分在交易所发行上市的债券以外，其他所有债券均纳入样本债券范围，且待偿期在一年以内的债券亦进入指数样本券，能够较好地反映债券市场整体状况。中国债券综合指数样本债券涵盖的范围与该组合可投资的债券类属基本一致，并且中国债券综合指数的时间序列完整，较长的时间序列有利于组合更加深入地研究和分析债券市场。

沪深 300 指数由中证指数公司编制并发布，指数样本覆盖了沪深两地大部分流通市值，成分股均为 A 股市场中代表性强且流动性高的主流投资股票，能够反映中国证券市场股票价格变动的概貌和运行状况，适合作为本策略权益类资产投资的业绩比较基准。

6. 风险收益特征

该组合是以债券投资为主，股票投资为辅的混合型基金，其预期收益及预期风险水平高于固定收益型、稳健增长型和保本增值型策略，在年金基金投资组合中属于风险较高、预期收益较高的基金产品。适合愿意做较长投资及承担较大风险以获得更大更长期回报的客户选择。

四、企业年金投资策略的比较

（一）投资策略比较分析

从上节的分析中可以看出，不同策略类型均各有其特点。为了更好地比较五种策略的优劣，我们列出了五种策略类型，以更为直观的方式来比较它们之间的特点、配置比例和比较基准（见表5-2）。

表5-2 不同策略类型的对比

策略类型	特 点	资产配置	业绩基准
绝对收益	投资于非市值波动的固定收益类产品，满足风险承受能力较差，追求长期稳定收益的投资者	权益类资产（新股申购，0%~15%）+非市值波动的固定收益类（80%~95%）+货币市场工具（5%以上）	银行3年期定期存款基准利率
固定收益	投资于固定收益类和货币市场工具，满足风险容忍度低，追求资产安全性和流动性的客户需求，实现资产的稳定增值	市值波动类固定收益资产（0%~55%）+非市值波动类固定收益资产（40%~95%）+货币市场工具（5%以上）	年通货膨胀率+1年定期存款基准利率
稳健增长	投资于权益类产品、固定收益类和货币市场工具，权益类资产主要配置于新股申购，通过适量的债券回购资金申购新股，在控制组合风险的前提下获得较高超额收益	权益类资产（新股申购，0%~20%）+市值波动类固定收益资产（40%~95%）+非市值波动类固定收益资产（0%~40%）+货币市场工具（5%以上）	中国债券综合全价指数
保本增值	采用固定比例组合保险技术（CPPI），在锁定期限内，在本金安全的基础上实现稳定收益	权益类资产（0%~20%）+固定收益类（75%~95%）+货币市场工具（5%以上）	与保本周期同期限的银行定期存款税后收益率
积极进取	投资于权益类产品、固定收益类和货币市场工具，满足可以接受一定投资风险以获取一定预期收益的客户需求，实现风险控制下的收益最大化	权益类资产（0%~30%）+固定收益类（60%~90%）+货币市场工具（10%以上）	中国债券综合指数（全价）×75%+沪深300指数收益率×25%

（二）不同策略的选择标准

投资策略首先要满足委托人的偏好，然后根据市场情况的变化而适当调整。但实际操作中远没有那么简单，投资人在大多数时候（尤其是市场转折时）无法正确或者说客观地辨别市场情况是否出现了变化，知道这种变化都已是事后行为，而以适应过去的这种变化来调整的投资策略往往只适合过去的市场，而对今天乃至将来一段时期的市场效果如何，很难作出判断。因此，衡量投资策略优劣的根本标准应是结合企业年金委托人的偏好，根据企业职工的年龄结构和生命周期，运用投资组合理论，看所运用的策略在较长时期里的收益情况是否能满足委托人的要求。

策略过去的成功并不代表未来还能如此，但我们能够通过分析过去成功的策略与失败的策略的成因和得失，通过研究其成功与失败的经济和市场背景，以更好地制定投资策略。如果投资策略所依据的是市场中的变化极快的不确定的东西，那么运用这种策略的失败概率将会变大。如果投资策略所依据的是市场中不变的东西（至少在过去市场的发展中是不变的），此策略将来成功的概率应远大于以不确定的东西为依据的策略。因此，投资策略所依据的理念越符合委托人的偏好和市场的本质，其确定性就越强，成功概率就越大。

第六章 企业年金投资策略模型及优化

本章中所进行的投资组合策略模型的优化调整是在上一章总结出的企业年金投资组合策略以及目前企业年金实际投资存在的问题基础上提出来的。年金投资组合策略的优化方案为根据参保职工风险承受能力的不同，选择不同的投资组合模型，获得不同的投资组合，从而提高企业年金投资整体的收益率。本章重点研究年金投资中的两个模型：均值—方差模型和 VaR 模型。

一、均值—方差模型及其优化

(一) 模型设定

均值—方差模型是最早的投资组合量化分析模型。Markowitz 提出用方差描述风险使优化方法在金融分析中的应用成为可能。在这一模型下，投资组合管理人可以方便地在投资收益与风险之间进行权衡，在给定收益水平的情况下最小化风险，或者是在限定投资风险的情况下最大化收益。Markowitz 揭示了投资者可以通过在证券市场上分散化投资降低风险，在理论上证明了"不要把鸡蛋放在一个篮子里"的直觉。

模型假定如下：

$$\min \sigma_p^2 = X'\Omega X = \sum X_i^2 \sigma_i^2 + \sum_{i=1}^{n} \sum_{\substack{j=1 \\ j \neq i}}^{n} X_i X_j \sigma_{ij}$$

目标约束：

$$X_1 + X_2 + \cdots + X_n = 1$$

$$R_p = r_1X_1 + r_2X_2 + \cdots + r_nX_n$$

此模型可以解释为在 $\sum X_i = 1$ 和 $R_p = \sum r_iX_i$ 的条件下，使得 σ_p^2 最小的投资组合（X_1，X_2，$\cdots$，X_n）。其中，R_p 是资产组合投资的期望收益率，σ_p^2 是资产组合投资收益率的方差，$X = (X_1, X_2, \cdots, X_n)'$ 表示 n 种风险资产的投资比例系数向量，$\Omega = (\sigma_{ij})_{m \times n}$ 表示 n 种风险资产收益率的协方差矩阵，$\sigma_{ij} = \text{cov}(r_i, r_j)$，$i, j = 1, 2, \cdots, n$ 表示两种风险资产的协方差，$R = (r_1, r_2, \cdots, r_n)'$ 表示 n 种风险资产的期望收益率向量。

根据《通知》的要求，企业年金投资银行活期存款、中央银行票据、一年期以内（含一年）的银行定期存款、债券回购、货币市场基金、货币型养老金产品的比例，合计不得低于投资组合委托投资资产净值的5%；投资一年期以上的银行定期存款、协议存款、国债、金融债、企业（公司）债、可转换债（含分离交易可转换债）、短期融资券、中期票据、万能保险产品、商业银行理财产品、信托产品、基础设施债权投资计划、特定资产管理计划、债券基金、投资联结保险产品（股票投资比例不高于30%）、固定收益型养老金产品、混合型养老金产品的比例，合计不得高于投资组合委托投资资产净值的135%。债券正回购的资金余额在每个交易日均不得高于投资组合委托投资资产净值的40%；投资股票等权益类产品以及股票基金、混合基金、投资联结保险产品（股票投资比例高于或者等于30%）的比例，不得高于投资组合企业年金基金财产净值的30%。这里我们假定变量 X_1、X_2、X_3、X_4 分别表示年金资产投资于流动性资产、利率债、信用债和股票的比例，依据我国对企业年金投资工具比例限制，有 $X_1 \geq 0.05$，$X_4 \leq 0.3$，$X_2 + X_3 \leq 1.35$。因此，模型变成了如下形式。

目标：

$$\min \sigma_p^2 = \sum X_i^2 \sigma_i^2 + \sum_{i=1}^{4} \sum_{\substack{j=1 \\ j \neq i}}^{4} X_i X_j \sigma_{ij}$$

约束：

$X_1 + X_2 + X_3 + X_4 = 1$

$R_p = r_1X_1 + r_2X_2 + r_3X_3 + r_4X_4$

$X_1 \geq 0.05$，$X_4 \leq 0.3$，$X_2 + X_3 \leq 1.35$

在这个模型中，假如委托人所要求的最低收益率是4.75%，即五年期定期存款收益率。使用拉格朗日乘数法对该模型进行求解，就能得到不同收益率下对应企业年金基金投资的最优比例向量。

（二）数据选择

为了使研究更具有普遍意义，我们用一年期银行存款利率来代表流动性资产的收益，选取中债国债指数、企业债指数和上证综合指数的增长率代表利率债、信用债和股票的收益率；为了减小不确定因素，使研究的时效性更强，把三种指数的数据区间都取1996~2013年。

表6-1　1996~2013年收益率　　　　　单位:%

年份	银行存款利率 R_1	中债国债指数 R_2	上证企业债指数 R_3	上证综合指数 R_4
1996	7.47	10.96	10.12	65.14
1997	5.67	9.18	12.92	30.22
1998	4.77	4.72	3.91	-3.97
1999	2.25	3.02	0.23	19.18
2000	2.25	3.05	2.32	51.73
2001	2.25	2.60	10.23	-20.62
2002	1.98	2.53	2.90	-17.52
2003	1.98	-1.27	-2.98	10.27
2004	2.25	-3.93	-4.13	-15.40
2005	2.25	14.07	24.09	-8.33
2006	2.52	2.14	0.77	130.43
2007	2.79	1.22	-5.41	96.66
2008	2.25	16.60	17.02	-65.39
2009	2.25	-2.14	0.67	79.98
2010	2.75	1.84	7.42	-14.31
2011	3.50	4.05	3.50	-21.69
2012	3.25	3.30	7.43	2.58
2013	3.00	2.71	4.29	-7.58
均值	3.08	4.15	5.29	17.29

资料来源：上海证券交易所统计年鉴，中国各年统计年鉴，凤凰财经网。

表6-2　各变量预期收益率和标准差　　　　　单位:%

	R_1	R_2	R_3	R_4
预期收益	3.08	4.15	5.29	17.29
标准差	1.47	5.36	7.54	49.55

由表6-2可以看出,在不考虑通货膨胀因素的情况下,银行存款预期收益率最低,波动幅度最低,预期收益率为3.08%,银行存款主要是作为满足流动性要求而参与投资组合的。其次是国债和企业债券,预期收益率分别为4.15%和5.29%,特别是公司债券具有较高的收益率和相对安全的特点可以成为企业年金理想的投资工具。

股票的预期收益率高达17.29%,但收益率波动幅度最大,标准差达到49.55,远远高于成熟市场,而美国的道琼斯指数的标准差在近几十年来很少超过20%,自1990年后更是经常保持在10%以下。建立于1985年的纳斯达克100指数被公认为是美国波动性最高的股票价格指数,但自建立以来也从未超过28%。中国股票市场过高的波动率与股票市场的不成熟有着紧密的联系。

根据表6-1和表6-2的数据,以现代投资组合理论为依据,分别计算出三种投资工具的相关系数和协方差矩阵如表6-3和表6-4所示。

表6-3　各变量相关系数矩阵

	R_1	R_2	R_3	R_4
R_1	1	0.3791	0.2327	-0.1832
R_2	0.3791	1	0.8647	-0.2784
R_3	0.2327	0.8647	1	-0.4090
R_4	-0.1832	-0.2784	-0.4090	1

表6-4　各变量协方差矩阵

	R_1	R_2	R_3	R_4
R_1	2.0443	2.8219	2.4367	-12.6169
R_2	2.8219	27.1066	32.9740	-69.8054
R_3	2.4367	32.9740	53.6521	-144.2633
R_4	-12.6169	-69.8054	-144.2633	2318.9370

从表6-3中我们发现，在1996～2013年间，根据投资分散化原理，同时投资于国债和企业债投资工具的投资组合中并不能获取更高的投资收益率。股票与银行存款、国债、企业债券呈现负相关，且相关系数绝对值比较小，即呈现较弱的负相关关系，那么同时投资于这四种投资工具的组合是可以达到分散风险的目的的，在既定的风险下取得更高的投资收益率或既定收益率下获得较小的风险。

（三）实证检验

使用Matlab软件，将上节中的数据进行分析并求解，得出表6-5的投资组合。本节使用的软件代码在附录中可以查到。

表6-5　不同投资组合下最优投资比例的确定　　　　单位：%

组合	活期存款	国债	企业债	股票	组合收益率	组合方差
1	84.25	5.92	6.75	3.08	4.9997	6.0731
2	76.46	0.83	18.39	4.33	5.5009	7.7065
3	65.99	0.00	28.39	5.62	6.0003	9.8242
4	55.01	0.00	38.07	6.92	6.5001	12.4431
5	44.03	0.00	47.75	8.22	6.9999	15.5634
6	33.05	0.00	57.42	9.52	7.4990	19.1851
7	22.07	0.00	67.10	10.83	8.0000	23.3083
8	11.09	0.00	76.78	12.13	8.5002	27.9329
9	5.00	0.00	78.98	16.02	9.0002	34.4104
10	5.00	0.00	71.87	23.13	9.5000	52.0154
11	4.87	-0.13	65.13	30.13	10.0000	84.9015
12	1.07	-3.93	68.93	33.93	10.5002	107.0996

按照我国针对企业年金资产投资比例的相关规定，银行活期存款等流动性工具及货币市场基金比例应在5%以上；债券等固定性收益工具少于95%，其中股票投资少于30%，由表6-5可知，最优投资组合介于组合10

与组合11之间，经过反复计算，我们得到X =（5%，0，65%，30%），投资收益率R=9.83%，组合方差=84.2009时，组合收益率最大，此时，银行活期存款的比例低至最小，股票的投资比例高至最大，剩余完全投资于企业债券。

首先，我们将表6-5中各投资组合中投资组合标的比例变化情况描绘图6-1。从中可以看出，在符合国家政策相关规定的情况下，随着组合中要求的收益率的提高，股票的比重越来越大，银行活期存款的比重越来越小，最后降至规定最低标准5%，这反映了银行活期存款低风险低收益的现实，企业债券的比重越来越大，而国债的比重越来越小，由于国家对于国债持有的最低比例没有限制，最后降至0，反而企业债券比例大幅提升，这与企业债券的收益率高于国债密切相关，在不考虑风险的情况下，组合鼓励持有更多的企业债券来代替国债。

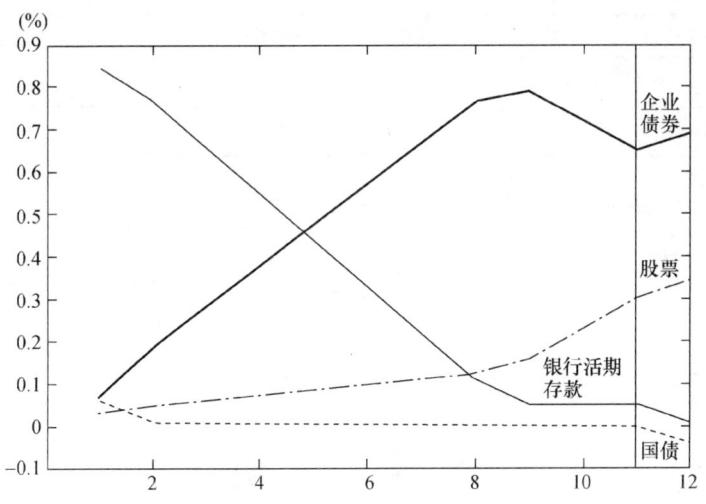

图6-1　各投资组合中投资工具的变化趋势

图6-2为组合1~12的投资收益率和组合方差散点图。可以看出，随着要求的投资收益的不断增加，组合的风险也是不断增大，在要求收益率超过10%之后，组合中投资标的的比例已经突破了法规的限制约束，股票的投资比例超过了30%，债券的比例已经小于零，银行存款的投资比例已经低于5%。

第六章 企业年金投资策略模型及优化

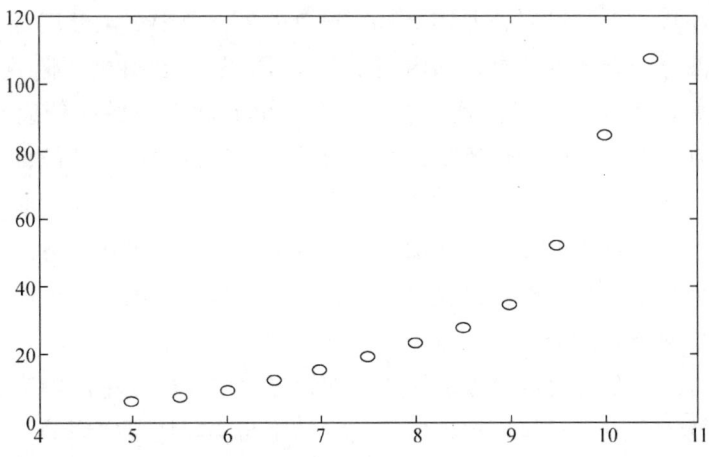

图 6-2 投资组合的期望收益（R）与方差（VaR）

风险（方差）随着期望收益率的增加而增大的事实通过该散点图直观地显示出来，进一步地，当收益率到达一定水平，如 7.50%，风险的增长幅度大大增加。同时我们注意到，随着银行存款投资比例的下降、国债和企业债券以及股票投资比例的逐渐提高，收益率增加得非常缓慢，但风险增加的幅度却相对较大。期望收益率从 5.0 增加到 5.5，风险水平增加了 1.7193，但期望收益率从 10.50 增加到 10.80，风险水平却增加了 16.7515。判断原因在于，当期望收益率提高，为保证一定的收益率水平，股票在整个组合中的比例会逐渐增加。前面我们计算出近年中国股票市场的标准差在 49.55 左右，大大高于成熟市场的水平，即中国股票市场的风险过高，导致股票占投资组合比例增加时，整个投资组合的风险大大增加。

其次，模型 1~10 中投资工具的比例均符合《企业年金基金管理办法》的规定，但其期望收益率都在 10% 以下，说明我国的年金投资经理人如果按照国家规定的投资工具的比例来进行投资，投资收益率无法突破 10%。《企业年金基金管理办法》的规定限制了年金投资收益率的提高。就目前来说，对投资工具比例的限制降低了投资风险，保证了年金资金的安全。其缺点就是限制了投资经理人根据市场的情况在收益率和风险之间取舍，这在一定程度上使得投资经理人的投资行为受到限制。

同时，随着《通知》的颁布，企业年金基金可投资的金融工具的不断扩大，商业银行理财产品、信托产品、基础设施债权计划、特定资产管理计划、股指期货等也均进入企业年金基金投资的可选范围。国外广泛使用的实物投资和部分金融衍生工具，国内还没有放开，从而会制约企业年金基金收益率的提高。从包括银行存款、国债、企业债券和股票的投资组合可以看出，为了有效地控制流动性风险，银行存款代表的流动性资产应保持适当的投资比例，但不能太多，否则增值的压力将增加。随着企业债和股票投资比例的增加，组合收益也在不断增加，但组合的整体风险也在上升。作为养老的企业年金基金，其投资具有安全性、长期性等特点，因此，可以通过资本市场上中长期企业债券来提高年金组合的收益。

应该指出，在使用现代理论的资产配置过程中，由于中国资本市场的弱有效性以及年金成立时间较短，所得出的结论与实际情况之间的可能存在一定差距。但至少在一定程度上可以反映中国目前的实际情况。尽管如此，我们仍然认为，这里的结论有一定的现实意义，因为我们可能并不需要一个特定的企业年金资产配置比例，而需要一个比较大的参考比例范围。

二、VaR 模型及其优化

(一) 模型设定

VaR 的含义是指在市场正常波动下，某一金融资产或证券组合的最大可能损失，更为确切地说，在一定的概率水平（置信度）下，某一金融资产或证券组合价值在未来特定时期内的最大可能损失[1]。用公式表示为：

$$P(\Delta P \geqslant VaR) = 1 - \alpha$$

其中，P 表示资产价值损失小于可能损失上线的概率，ΔP 表示某一金融资产在一定持有期 Δt 的价值损失额；VaR 表示给定置信水平 α 下的在险价值，即可能的损失上线；α 表示给定的置信水平[2]。

---

[1] 菲利普·乔瑞. VaR：风险价值——金融风险管理新标准 [M]. 北京：中信出版社，2000.
[2] 庄新田，姜硕，朱俊. 基于均值—CVaR 模型的企业年金资产配置 [J]. 管理学报，2009 (11).

我们假设在 Δt 内的头寸为 V，那么头寸 V 的期望和方差的计算公式如下：

$$E(V) = V\sum_{t=1}^{n} x_i R_i$$

$$D(V) = V^2 D(\sum_{t=1}^{n} x_i R_i) = V^2(X^T \sigma\rho\sigma X) = V^2(X^T \Omega X)$$

其中，R_i 表示投资标的 i 的回报率，σ 表示各标的资产的方差，即波动率，ρ 为各资产标的间的相关系数，Ω 为各投资标的间的协方差。

假设在95%的置信水平下最大损失不超过原投资额的10%，那么可以得到：

$$P\left(\frac{V-E(V)}{\sqrt{D(V)}} < \frac{-0.1V}{\sqrt{D(V)}}\right) < 0.05$$

$$D(V) \leq (0.1V)^2/1.65^2$$

因此，可以写出以 VaR 为限制条件的组合优化模型：

目标函数：

$$\max E(V) = V\sum_{t=1}^{4} x_i R_i$$

s.t.：

$$D(V) \leq (0.1V)^2/1.65^2$$

$$\sum_{t=1}^{4} x_i = 1$$

$$X_1 \geq 0.05, X_4 \leq 0.3, X_2 + X_3 \leq 1.35$$

(X_1, X_2, X_3, X_4) 为我们要求取的投资比例。上述模型可以解释为在 $\sum_{t=1}^{4} x_i = 1$ 的限制条件下，在95%的置信水平下最大损失不超过原投资额的10%时实现最大收益率的投资比例。

（二）最优投资比例的确定与分析

由上节内容，我们已经知道了投资组合的协方差和各投资标的的收益率，使用 Matlab 的 fminan 函数，我们可以得到各投资标的的比例，如表6-6所示。

表 6-6　95% 置信水平下 VaR 优化模型的投资标的比例

X_1	X_2	X_3	X_4
0.05	0	0.8432	0.1068

计算得到收益率 R = 8.6249%，方差 VaR = 59.60。即如果在 95% 的置信水平下损失的额度不超过总投资的 10%，那么银行活期存款的比例为 5%，为规定的最小值；国债的比例为 0，为能实现的最小值；企业债券的比例为 84.32%；股票的比例为 10.68%。可以看到，为控制风险，需要把大部分的资金投资于企业债券，而非国债；为了提高收益率，股票是一个不错的选择，但是其风险过高。总的来说，企业债券是一个不错的选择，在风险可控的情况下，收益率较高。这一结果同我们上文用均值—方差模型得到的结果很相似。投资组合收益率 R = 8.6249%，虽然这已经是可接受风险的范围内的最大投资收益率，但投资组合收益率仍然较低。

如果将置信水平改为 99%，那么在 99% 的置信水平下损失额度不超过总投资的 10% 的投资标的的分配比例又将如何呢？我们通过计算得到表 6-7。

表 6-7　99% 置信水平下 VaR 优化模型的投资标的比例

X_1	X_2	X_3	X_4
0.05	0.2	0.6664	0.0836

计算得到收益率 R = 7.9796%，方差 VaR = 50.47。可以看到，将置信水平由 95% 提高到 99%，投资组合标的的投资比例也有所变化，国债的比重由 0 提高到 20%，企业债券的比重由 84.32% 降低到 66.64%，股票的比重由 10.68% 降低到 8.36%，相应的收益率和投资组合方差均有所降低。这说明，企业债券的风险是大于国债的，为了提高损失不变的信心程度，需要更多的资金投资于国债。而银行存款的比例仍然保持不变，这更进一步说明了银行存款在年金投资增值中的次要地位。股票的比重也相应地降低，但幅度不大。

三、均值—方差模型与 VaR 优化模型比较分析

表 6-8 均值方差模型与 VaR（VaR<10%）优化模型比较　　单位:%

	均值方差模型	VaR 优化模型（95%）	VaR 优化模型（99%）
银行活期存款	5.00	5.00	5.00
国债	0.00	0.00	20.00
企业债券	65.00	84.32	66.64
股票	30.00	10.68	8.36
收益率 R	9.83	8.62	7.98
组合方差	84.20	59.60	50.47
组合波动率	9.18	7.72	7.10

表 6-8 为均值—方差模型与 VaR 优化模型在投资标的比例、投资组合收益率和投资组合方差的比较。

均值—方差模型与 VaR 优化模型在计算思路上存在一定的差异。VaR 优化模型是以固定的风险由限制条件计算最大收益率和投资比例；而均值—方差模型是以一定的收益率为限制条件计算最小风险和投资比例，然后通过改变收益率得到相应的投资组合风险和投资比例，因此会出现多个投资组合。

在投资标的比例的选取上，均值—方差模型与 VaR 优化模型的最优结果的银行活期存款和国债比例均分别为 5% 和 0，说明银行活期存款和国债事实上并不是投资收益的最佳选择；企业债券分别为 65% 和 84.32%，VaR 优化模型要高于均值—方差模型；股票分别为 30% 和 10.68%，均值—方差模型高于 VaR 优化模型。

在投资组合的收益率和方差上，VaR 优化模型的收益率和方差均要低于均值—方差模型，这与 VaR 优化模型在企业债券上投资较多，而在股票上投资较少有关。可以看出，企业债券在投资组合中，起到降低投资组合方差，提高投资组合收益率的作用。而 VaR 优化模型由于以控制一定的风险

为前提，因而在计算结果中体现出较高的企业债券投资比例。

均值—方差模型与 VaR 优化模型得到的最优的投资组合收益率分别为 9.83% 和 8.62%，均低于 10%（VaR 优化模型得到的最有收益率更低一些，当然这与我们设定的最大损失不超过 10% 的条件是有关的）。在考虑通货膨胀的情况下，年金投资组合收益率将会更低。而 VaR 优化模型波动率小于均值—方差模型的波动率，说明在主动控制风险方面，VaR 优化模型显然更加直接、更加方便。

可以看出，均值—方差模型与 VaR 优化模型在控制收益率和控制风险方面各有千秋，这正是我们将这两种方法同生命周期理论相结合的基础：处于不同年龄阶段的个人，对于年金投资追求不同的收益率和风险，因此应使用不同的方法计算投资组合。

第七章 企业年金投资绩效评估

一、企业年金投资收益评估

(一) 企业年金投资收益率的计算方法

企业年金基金净值收益率的计算方法。

1. 简单(净值)收益率计算

简单(净值)收益率的计算不考虑分红再投资时间价值的影响,其计算公式为:

$$R = \frac{NAV_t + D - NAV_{t-1}}{NAV_{t-1}} \times 100\%$$

其中,R 表示简单收益率;NAV_t、NAV_{t-1} 表示期末、期初基金的份额净值;D 表示在考察期内,每份基金的分红金额。

2. 时间加权收益率

简单(净值)收益率由于没有考虑分红的时间价值,因此只能是一种基金收益率的近似计算。时间加权收益率由于考虑到了分红再投资,能更准确地对基金的真实投资表现做出衡量。

时间加权收益率的假设前提是红利以除息前一日的单位净值减去每份基金分红后的份额净值即进行了再投资。分别计算分红前后的分段收益率,时间加权收益率可由分段收益率的连乘得到：

$$R = \left[\frac{NAV_1}{NAV_0} \cdot \frac{NAV_2}{NAV_1 - D_1} \cdot \cdots \cdot \frac{NAV_{n-1}}{NAV_{n-2} - D_{n-2}} \cdot \frac{NAV_n}{NAV_{n-1} - D_{n-1}} - 1 \right] \times 100\%$$

其中，R 表示分红之前的收益率；NAV_0 表示基金期初份额净值；NAV_1，…，NAV_{n-1} 分别表示除息前一日基金份额净值；NAV_n 表示期末份额净值；D_1，D_2，…，D_{n-1} 表示份额基金分红。

时间加权收益率反映了 1 元投资在不取出的情况下（分红再投资）的收益率，其计算将不受分红多少的影响，可以准确地反映基金经理的真实投资表现，现已成为衡量基金收益率的标准方法。

3. 算术平均收益率与几何平均收益率

在对多期收益率的衡量与比较上，常常会用到平均收益率指标。平均收益率的计算有两种方法：算术平均收益率与几何平均收益率。

算术平均收益率的计算公式为：

$$\overline{R}_A = \frac{\sum_{t=1}^{n} R_t}{n} \times 100\%$$

其中，R_t 表示各期收益率；n 表示期数。

几何平均收益率的计算公式为：

$$\overline{R}_G = \left(\sqrt[n]{\prod_{t=1}^{n} (1 + R_t)} - 1 \right) \times 100\%$$

其中，Π 表示连乘符号。

几何平均收益率能正确地算出投资的最终价值，而算术平均数则高估了投资的收益率。

一般地，算术平均收益率要大于几何平均收益率，每期的收益率差距越大，两种平均方法的差距越大。

几何平均收益率可以准确地衡量基金表现的实际收益情况，因此，常用于对基金过去收益率的衡量上。算术平均收益率一般可以用作对平均收益率的无偏估计，因此它更多地被用来对将来收益率的估计。

1 年以上的长期收益率往往需要转换为便于比较的年平均收益率。对 1 年以下的收益率一般不进行年平均收益率的计算。

4. 年化收益率

有时需要将阶段收益率换算成年收益率，这就涉及年度化收益率（简称年化收益率）的计算。年化收益率有简单年化收益率与精确年化收益率之分。已知季度收益率，简单年化收益率的计算公式如下：

$$R_{年} = \sum_{i=1}^{4} R_i$$

其中，$R_{年}$ 表示年化收益率；R_i 表示季度收益率。

已知季度收益率，精确年化收益率的计算公式为：

$$R_{年} = \prod_{i=1}^{4} (1 + R_i) - 1$$

类似地，可以将周收益率、月收益率转换为年化收益率。

（二）企业年金投资收益评估方法

企业年金基金收益及收益率的评估是企业年金绩效评估的基础，也是最直观可信的评估指标。企业年金投资收益是一个绝对性指标，是绩效评估中最基础的指标之一；企业年金投资收益率是相对指标，用来对比不同投资成本下的投资组合收益。

投资绩效优劣源于金融市场的起落还是投资管理人本身？通过专业评估最大可能地剔除市场环境的影响，还原投资管理人投资能力的本来面目。中国养老金网的绩效评估系统特此提供了分组比较法与基准比较法。

1. 分组比较法

分组比较就是根据资产配置的不同、风格的不同、投资区域的不同等，将具有可比性的相似基金放在一起进行业绩对比，其结果常以排序、百分位、星号等形式给出。这种比较要比不分组的全域比较更能给出有意义的衡量结果。下面以中国养老金网中贝恩克公司范本为例给出企业年金投资绩效评估分组比较（见表7-1）及企业年金投资绩效评估可比性指标和参考性指标分析（见图7-1）。

表7-1 企业年金投资绩效评估分组比较

可比性指标列示	一季度 市场所有年金组合	二季度 市场所有年金组合	三季度 市场所有年金组合	四季度 市场所有年金组合	年度 市场所有年金组合
最佳表现					
最高25%					
中间值					
最低25%					
最差表现					
路透年金权益指数					

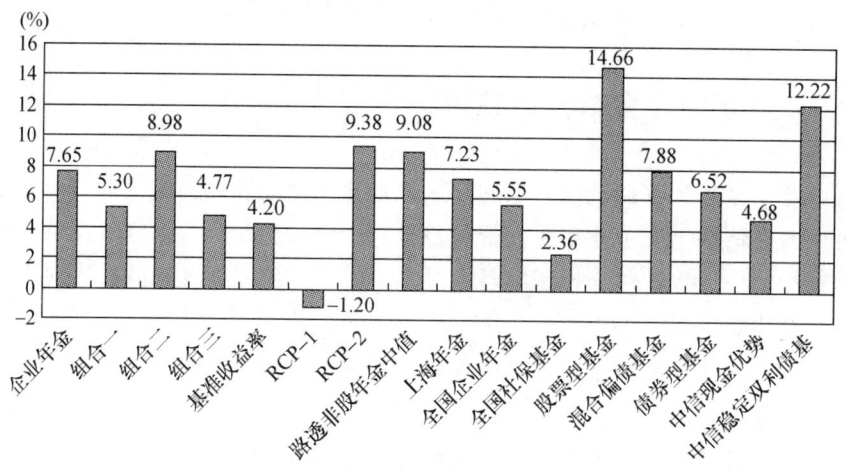

图7-1 企业年金投资绩效评估可比性指标和参考性指标分析

2. 基准比较法

基准比较法是通过给被评价的基金定义一个适当的基准组合，比较基金收益率与基准组合收益率的差异来对基金表现加以衡量的一种方法（见图7-2和图7-3）。基准组合是可投资的、未经管理的、与基金具有相同风格的组合。一个良好的基准组合应具有如下五个方面的特征：

（1）明确的组成成分，即构成组合的成分证券的名称、权重是非常清晰的。

(2) 可实际投资的,即可以通过投资基准组合来跟踪积极管理的组合。
(3) 可衡量的,即指基准组合的收益率具有可计算性。
(4) 适当的,即与被评价基金具有相同的风格与风险特征。
(5) 预先确定的,即基准组合的构造先于被评估基金的设立。基准组合可以是全市场指数、风格指数,也可以是由不同指数复合而成的复合指数。

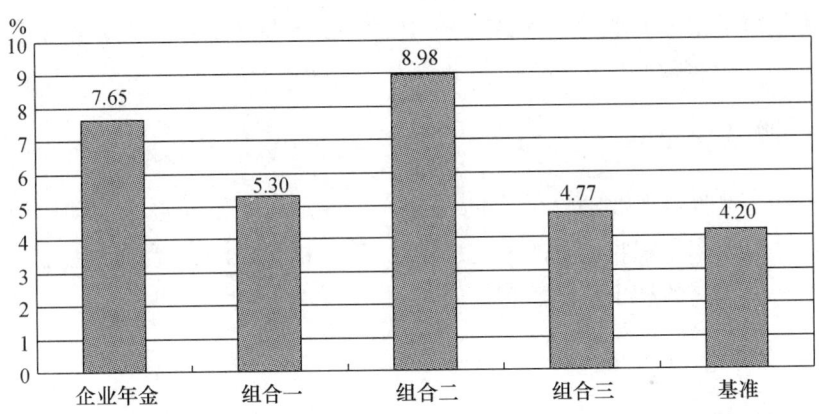

图 7-2 企业年金投资绩效评估投资收益率静态比较

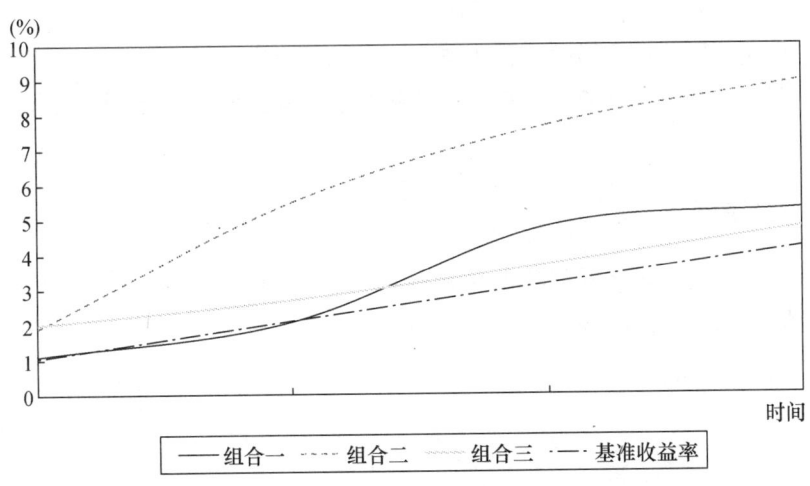

图 7-3 企业年金投资绩效评估投资收益率动态比较

二、企业年金投资风险评估

1. 事后标准差 STD

衡量收益率的波动性（平稳性）、风险性，STD 值越小越好，说明获取如此收益的平稳性越好。

2. 收益波动率

STD 是对收益率波动性的纵向考察，它只是反映了收益率波动的历史过程；收益波动率考察收益率的横向稳定性，是对期末时刻组合或年金收益率稳定性的考察，其值越小稳定性越好。

3. 上下标准差 σ^U 和 σ^D

上、下标准差衡量风险的不对称性，反映了风险的上偏或下偏的程度。

4. 最优配置比例

在既定风险水平下可获得最大预期收益的资产组合，确定风险修正条件下投资的指导性目标，或者预期获取一定的收益率的情况下风险最低的资产构成比例。

5. 跟踪误差 TE

衡量组合与基准之间的相对偏离风险，可以理解为相对标准差（RSD）。TE 值越小偏离的程度越低，差异风险越小。

6. 组合系数 β

评估系统风险，反映了该证券对市场敏感性。

7. 上升和下跌贝塔 β^+ 和 β^-

衡量风险的非对称性，区别在于上下标准差测度总风险的对称性，后者测度系统风险的评估。

8. VaR

表示一定时间内,投资组合在给定置信水平或概率条件下,最大可能的损失,即用绝对损益来衡量组合风险,这种指标更加直观地展现了风险损失程度,为不同基数的投资组合提供了绝对比较指标。

三、企业年金投资风险调整收益评估

以中国养老金网中贝恩克公司范本为例给出企业年金投资绩效评估风险调整收益评估(见表7-2)。

表7-2 企业年金投资绩效评估风险调整收益评估

风险调整收益评估	超额收益率	投资收益率贡献RC	Sharpe指数	Sortino指数	Treynor指数	Jensen指数	RAROC	信息比率IR
组合一								
组合二								
组合三								
企业年金								

(一) 超额收益率

衡量企业年金基金超出基准收益率水平。

(二) 投资收益率贡献 RC

衡量各个组合获取收益率水平对企业年金整体收益率水平的贡献程度。

（三）Sharpe 指数

Spanpe 值越大，表明基金的实际业绩越好；反之，则业绩越劣。

（四）Sortino 比率

与 Sharpe 比率类似，不同的只是并不以标准偏离为标准，而是下跌标准差，即投资组合或企业年金单位偏离平均跌幅的标准差下的收益率溢出。使用该指标的主要原因是很多组合的投资策略存在更大的下跌风险。

（五）Treynor 指数

衡量单位系统风险所带来的收益率溢出（无风险利率）。Treynor 指数越大，表明该项资产或该项投资组合的实际业绩越好；反之，则业绩越劣。

（六）Jensen 指数

它衡量的是组合或企业年金的超额收益。$J_p > 0$，表明基金的业绩表现优于市场基准组合，大得越多，业绩越好；反之，则基金业绩越劣。

（七）风险调整收益（RAROC）

显示经理人超越市场的风险掌控能力，RAROC 值越大说明投资管理人的获利避险能力越强，在实际运用中可能会更说明问题。

（八）信息比率 IR

考察的是投资组合承受偏离市场基准组合的风险时能增加多少超过基准的收益。IR 值越大越好。

四、企业年金投资绩效归因分析

(一) Fama 业绩归因

表7-3 Fama 业绩归因

业绩归因	总风险收益率 R_σ	系统风险收益率 R_{Sym}	投资收益率
组合一			
组合二			
组合三			

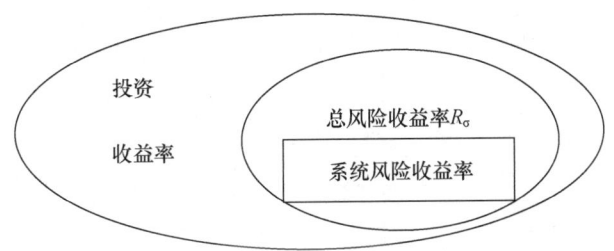

如果投资收益率<总风险收益率,说明该投资组合在承受总风险上存在问题,需要进一步考察系统性风险收益率

如果投资收益率<系统性风险收益率,表明投资管理人的投资资产选择上出现了问题

图7-4 三种收益率关系

(二) Brison 业绩归因

表7-4 Brison 业绩归因

$R^P - R^B$	BHB 模型		BF 模型	
	配置收益率	选择收益率	配置收益率	选择收益率
资产 i	$(W_i^P - W_i^B) R_i^B$	$W_i^P (R_i^P - R_i^B)$	$(W_i^P - W_i^B)(R_i^B - R^B)$	$W_i^P (R_i^P - R_i^B)$

续表

R^P-R^B	BHB 模型		BF 模型	
	配置收益率	选择收益率	配置收益率	选择收益率
	考察权重的合理性	考察投资选项的合理性	考察权重的合理性（基于绝对收益率）	考察投资选项的合理性

（三）资产配置归因分析

表7-5 企业年金投资绩效评估资产配置静态分析

资产种类		市值（元）	占总资产比例（%）
一	活期存款		
	清算备付金		
	央行票据		
	短期债券回购		
	货币基金		
二	国债		
	定期存款		
	协议存款		
	企业债		
	金融债		
	可转债		
	债券基金		
三	股票		
	权证		
	投资性保险产品		
	股票基金		
四	其他		
	应收股利		
	应收利息		
	存出保证金		
	证券清算款		
总计			

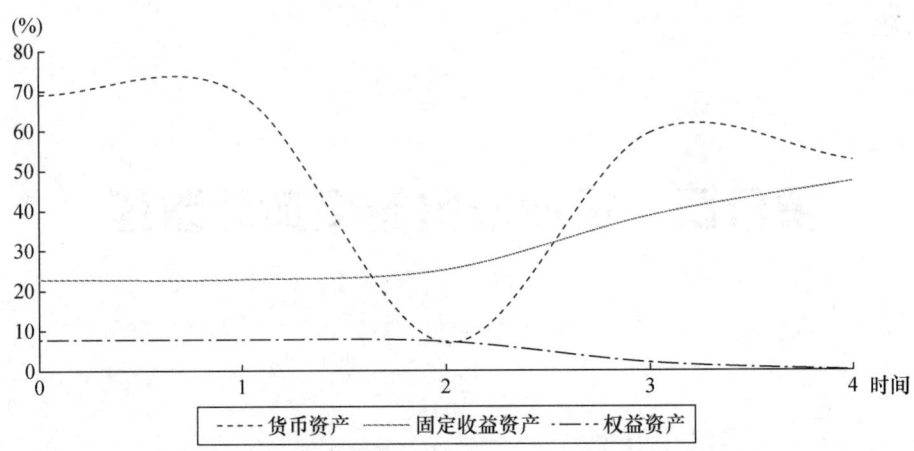

图7-5 企业年金投资绩效评估资产配置动态比较

第八章 企业年金投资风险管理

一、企业年金投资风险调整收益绩效衡量指标

(一) 企业年金投资风险调整收益绩效衡量指标分析

企业年金投资绩效评估是对企业年金投资管理的成本与收益、风险与收益、绩效来源的评估。企业年金投资绩效评估和反馈作为企业年金基金投资管理的重要环节，其作用是无可替代的。投资收益是在承担相应风险的基础上取得的成果，单纯用投资收益不能客观地度量企业年金基金的投资绩效。投资收益率高的企业年金基金可能是由于所承担的风险较高使然，并不表明企业年金基金投资管理人在投资上有较高的投资技巧；而投资绩效表现差的基金可能是风险较小的基金，并不必然表明企业年金基金投资管理机构的投资能力水平低。"若要用经济上敏感、管理上有用的方法来度量投资绩效，那么就必须将预期收益和预期风险联系起来，而比较标准则应采用常见资产管理工具所取得的收益作为基准水平。"[①] 企业年金基金风险调整绩效评估方法就是通过对收益加以风险调整，得出同时对收益与风险加以分析的综合指标，从而可以客观、公正、可比地对企业年金基金及其投资组合的业绩进行评估。

评价基金风险调整后收益的经典方法包括特雷诺 (Treynor) 指数、夏普

---

① 丹尼斯·罗格，杰克·雷德尔. 养老金计划管理 [M]. 北京：中国劳动社会保障出版社，2003.

(Sharpe) 指数、詹森 (Jensen) 指数和其他新的绩效评估方法如信息比率等。

1. 特雷诺指数

特雷诺指数是指基金份额系统风险的超额收益率,由特雷诺 (Treynor) 1965 年提出。特雷诺指数公式为:

$$T_P = \frac{\overline{R}_P - \overline{R}_f}{\beta_P}$$

其中,T_P 表示金 P 的特雷诺指数;$\overline{R}_P$ 表示考察期内基金 P 的平均回报率;$\overline{R}_f$ 表示考察期内平均无风险收益率;β_P 表示基金 P 的系统风险。

在收益率与系统风险所构成的坐标系中,特雷诺指数是无风险收益率与基金组合连线的斜率。根据特雷诺指数对基金的绩效加以排序。特雷诺指数越大,基金的绩效表现越好。那些位于 SML 线之上的基金的特雷诺指数大于 SML 线的斜率,表现要优于市场组合(见图 8-1)。

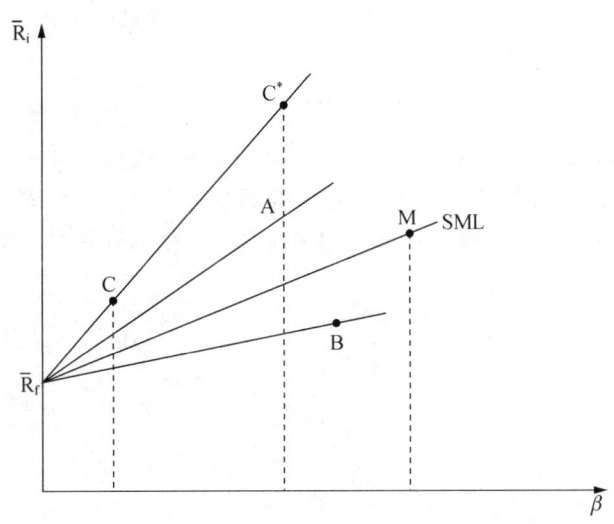

图 8-1　SML 线与特雷诺指数

当一项资产只是资产组合中的一部分时,特雷诺指数可以作为评估绩效表现的恰当指标应用,原因是特雷诺指数用超额收益对比的是系统风险而不是全部风险。特雷诺指数不能评估基金经理的风险分散程度,β 值指的是系统风险,并不会因为组合中所包含的证券数量的增加而降低,因此当基金分散程度提高时,特雷诺指数可能并不会变大。

2. 夏普指数

夏普指数是指超额收益与标准差的对比，即基金份额标准差的超额收益率，由诺贝尔经济学奖得主威廉·夏普于1966年提出。其公式为：

$$S_P = \frac{\overline{R}_P - \overline{R}_f}{\sigma_P}$$

其中，S_P 表示夏普指数；$\overline{R}_P$ 表示基金的平均收益率；$\overline{R}_f$ 表示基金的平均无风险利率；σ_P 表示基金的标准差。

分别以月、季、年都可以计量可得到企业年金基金的月、季、年夏普指数。为便于比较，通常情况下夏普指数以年或年化数据进行计算，标准差相应需要年化处理：

$$\sigma_y = \sigma_w \times \sqrt{52} = \sigma_m \times \sqrt{12} = \sigma_q \times \sqrt{4}$$

其中，σ_y、σ_w、σ_m、σ_q 分别表示年、周、月、季标准差。

在收益率—标准差构成的坐标系中，夏普指数即基金组合与无风险收益率连线的斜率。

根据夏普指数对企业年金基金绩效进行排序，夏普指数越大，绩效越好。夏普指数调整的是全部风险，当评价一只企业年金基金整体时，夏普指数是绩效评估的合适指标（见图8-2）。"在风险调整的基础上，股票的投资绩效高于债券的投资绩效。"、"夏普指数被用于比较、评价不同投资策略的结果。"①

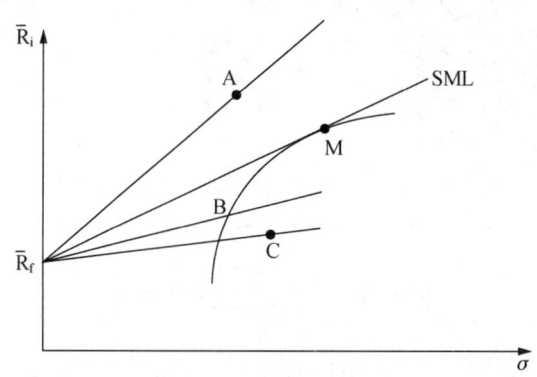

图8-2 夏普指数图示

---

① 丹尼斯·罗格，杰克·雷德尔. 养老金计划管理 [M]. 北京：中国劳动社会保障出版社，2003.

特雷诺指数与夏普指数一样，都是用于度量相对风险收益的比率。除此之外，负值意味着资产组合投资绩效绝对的糟糕。

3. 詹森指数

詹森指数是将管理组合的实际收益率与具有相同风险水平的消极（虚构）投资组合的期望收益率进行比较，二者之差可以作为绩效优劣的一种评估标准，由詹森（Jensen）以 CAPM 模型为基础，在 SML 线上可以构建一个与施加积极管理的基金组合的系统风险相等的、由无风险资产与市场组合组成的消极投资组合，该组合与实际收益率比较得出风险调整差异评估指标。其公式为：

$$\alpha_P = E(R_P) - \beta_P \times E(R_m)$$

实际应用中，对詹森指数的最佳估计可以通过如下回归方程进行：

$$R_P - R_f = \hat{\alpha}_P + \hat{\beta}_P \times (R_m - R_f)$$

或有：

$$\hat{\alpha}_P = R_P - \overline{R}_f - (\overline{R}_m - \overline{R}_f) \times \hat{\beta}_P$$

其中，$\hat{\alpha}_P$、$\hat{\beta}_P$ 分别为 α_P、β_P 的最小二乘估计。

如果 $\hat{\alpha}_P = 0$，说明企业年金基金组合的收益率与处于同等风险水平的被动组合的收益率不存在显著差异，该基金的表现就被称为是中性的。$\hat{\alpha}_P > 0$ 表示投资管理人成功地预测到市场变化或正确地选择股票，施加积极管理，获得超过证券市场线 SML 线上相应组合的超额收益；$\hat{\alpha}_P < 0$ 则表示企业年金基金的绩效表现差强人意。

在风险收益坐标图上，詹森指数为基金组合的实际收益率与证券市场线 SML 上具有相同风险水平组合的期望收益率之间的偏离（见图 8-3）。

4. 其他绩效衡量指标

（1）信息比率。以马柯威茨的均异模型为基础，用以评估基金的均异特性：评估超额风险带来的超额收益。比率高说明超额收益高，它表示单位主动风险所带来的超额收益。公式为：

$$IR = \frac{D_P}{\sigma_{D_P}}$$

其中，$D_P = R_P - R_b$，是基金与基准组合的差异收益率。

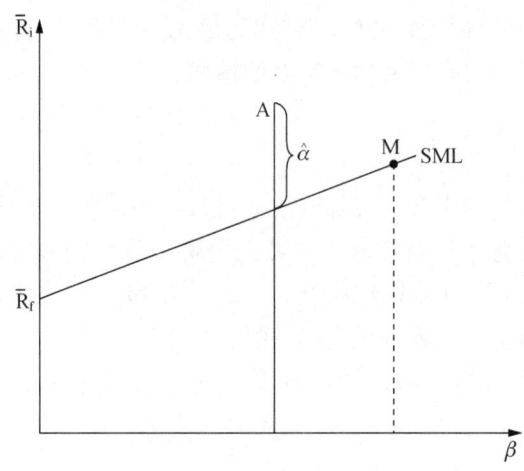

图 8-3 詹森指数图示

$$\sigma_{D_P} = \sqrt{\frac{\sum_{t=1}^{T}(D_{Pt} - \bar{D}_P)^2}{T-1}}$$，是收益率的标准差。

公式也可以表示为：

IR = TD/TE

其中，TD 表示资产跟踪偏离度的样本均值；TE 表示资产的跟踪误差。

基金收益率相对于基准组合收益率的差异收益率的均值，反映了基金收益率相对于基准组合收益率的表现。基金收益率与基准组合收益率之间的差异收益率的标准差，通常被称为"跟踪误差"（Tracking Error），反映了积极管理的风险。企业年金基金信息比率越大，说明企业年金基金单位跟踪误差所获得的超额收益越高。

(2) M^2 测度。针对 Sharpe 比难以进行直观经济解释的局限，1997 年，摩根士丹利公司的 Leah Modigliani 及其祖父 Franco Modiglian（1985 年诺贝尔经济学奖得主）对 Sharpe 比进行了改进，提出了 M^2 测度（见图 8-4）。M^2 测度方法的基本思想就是通过无风险利率下的借贷，将被评价组合（基金）的标准差调整到与基准指数相同的水平下，进而对基金相对基准指数的表现作出考察。M^2 测度也是对总风险进行调整的，其反映资产组合同相应的无风险资产混合以达到同市场组合具有同样的风险水平时，混合组合的收益高出市场收益的大小。其经济解释更为直观，更能数值化解释。公式为：

$$M^2 = R_P - \overline{R}_m = S_P\sigma_m + R_f - \overline{R}_m = \frac{\sigma_m}{\sigma_P}(\overline{R}_P - R_f) - \overline{R}_m + R_f$$

其中，$\overline{R}_P$、R_P 表示基金 P 在 σ_P 与 σ_m 水平下的平均收益率；σ_P、σ_m 表示基金 P 在市场组合 M 的标准差；R_f 表示无风险收益率。

M^2 测度图示如下：

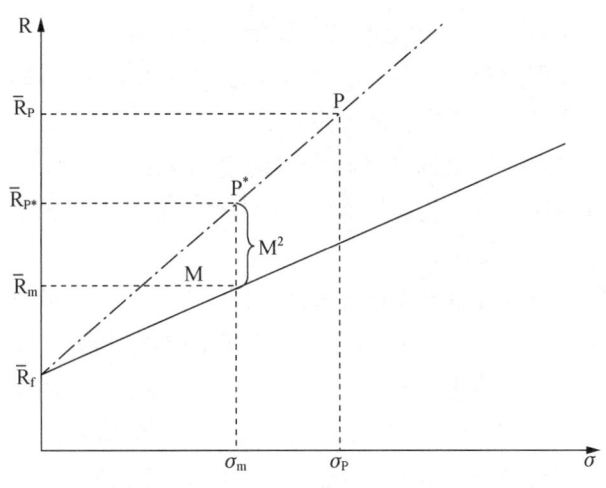

图 8-4　M^2 测度的图示

（二）投资绩效衡量指标评价

特雷诺指数是采用基金组合收益与证券市场系统风险对比的方法来评价投资基金的绩效；夏普指数依据 CAPM 模型，以资本市场线为评价基准，采用一定评价期内基金投资组合的平均收益率超过无风险收益率部分与该基金收益率的标准差之比来评价基金业绩。詹森指数是基于 CAPM 模型的一个绝对评价指标，能在风险调整后以百分比的形式评估基金的业绩。对三大经典风险调整绩效评估方法和其他新的绩效评估方法，必须综合考虑综合运用。

夏普指数与特雷诺指数是一种比率评估指标，给出的是单位风险的超额收益率。詹森指数给出的是差异收益率。比率评估指标与差异评估指标在对企业年金基金绩效的排序上有可能得出不同的结论。夏普指数与特雷诺指数尽管评估的都是单位风险的收益率，但二者对风险的计量不同，夏普指数考虑的是总风险（以标准差衡量），而特雷诺指数考虑的是市场风险（以 β 值衡量）。夏普指数与特雷诺指数在对基金绩效的排序结论上有可能不一致。特雷诺指数与詹森指数只对绩效的深度加以了考虑，而夏普指数则同时考虑了绩效的深度与广度。詹森指数要求用样本期内所有变量的样本数据进行回归计算。

同时，经典绩效衡量方法可能存在很多问题。首先，三大风险调整收益衡量指标建立在 CAPM 的基础上，从而 CAPM 的有效性直接决定了经典指标的有效性；其次，建立在 SML 之上的詹森指数和特雷诺指数都要求一个市场组合，但是在应用过程中只能选择一个准市场组合作为市场组合的替代品，从而可能引致绩效衡量误差；再次，基金组合的风险水平实际上处于不断调整的状态，用历史数据对组合风险的估计可能与组合目前的风险水平出入很大；最后，经典评价指标作为单一基准的绩效评价方法，仅以单一的市场组合作为基准，在评价时难免有失偏颇。

基于对风险的不同计量或调整方式的不同，继三大经典风险调整绩效衡量方法之后又提出了信息比率、M^2 测度等其他风险调整方法。信息比率考虑的是单位跟踪误差所获得的超额收益，同样存在基准组合选取的问题。同夏普指数相比，由于 M^2 测度实际上表现为两个收益率之差，因此也就比夏普指数更容易为人们所理解与接受。不过 M^2 测度与夏普指数对基金绩效表现的排序是一致的。

二、企业年金投资风险测度及类型

（一）投资风险的测度方法

根据新修订的《企业年金基金管理办法》，企业年金基金财产限于境内投资，投资范围包括银行存款、国债、中央银行票据、债券回购、万能保险产品、投资联结保险产品、证券投资基金、股票以及信用等级在投资级以上的金融债、企业（公司）债、可转换债（含分离交易可转换债）、短期融资券和中期票据等金融产品。2013 年 3 月 19 日，人社部发布 23 号令《关于扩大企业年金基金投资范围的通知》，进一步增加企业年金基金投资范围，在第 11 号

第八章　企业年金投资风险管理

令规定的金融产品之外,增加商业银行理财产品、信托产品、基础设施债权投资计划、特定资产管理计划、股指期货。企业年金的可投资品种更加丰富,而对于其投资风险的测度成为一个更加复杂的问题。

1. 债券投资风险的测度

债券是企业年金基金投资的主要类别,包括国债、企业债、金融债、短期债券。企业年金基金投资固定收益类资产的法定上限达 50%,而且还可以投资各类短期性债券。随着企业年金基金投资的发展,企业年金基金投资债券的比例可能进一步扩大。对企业年金基金投资债券的风险测度,是对债券投资风险控制的基础。债券投资主要包含利率风险、再投资风险、流动性风险、经营风险、购买力风险、汇率风险、赎回风险等。

企业年金投资债券,需要对债券价格波动性和债券价格利率风险进行计算。通常的指标有基点价格值、价格变动收益率值和久期。基点价格值是指应计收益率每变化 1 个基点时引起的债券价格的绝对变动额。另一个估算债券价格波动率的指标是价格变化的收益率值,首先计算当债券价格下降 X 元时的到期收益率值,新的收益率值与初始收益率(价格变动前的收益率)的差额即是债券价格变动 X 元时的收益率值。其他条件相同时,债券价格收益率值越小,说明债券的价格波动性越大。

企业债违约风险主要通过企业信用分析来识别和控制。固定收益证券的利率风险主要通过债券久期、凸性等指标来识别和防范,VaR 方法和利率免疫策略也是控制和防范利率风险的方法。债券的换手率可以用来评估和控制流动性风险。

久期和凸性是衡量债券利率风险的重要指标。久期(也称持续期)是 1938 年由 Macaulay 提出的,用来衡量债券的到期时间。它是以未来收益的现值为权数计算的到期时间。久期收益率变化 1% 所引起的债券全价变化的百分比。久期用来衡量债券价格对利率变化的敏感性。

$$久期 = \frac{债券价格改变的百分比}{收益率改变的百分比} = -\frac{1}{P} \times \frac{dP}{dy}$$

修正久期是用来衡量债券价格对利率变化的敏感程度的指标。其公式为:

$$D^* = \frac{D}{1+y}$$

其中,y 表示收益率,P 表示价格,D 表示久期;D^* 表示修正久期,公式为：

$$D^* = \frac{1}{1+y} \sum_{t=1}^{T} \frac{c_t}{(1+y)^t} \times t \Big/ \sum_{t=1}^{T} \frac{c_t}{(1+y)^t}$$

凸性是指在某一到期收益率下，到期收益率发生变动而引起的价格变动幅度的变动程度。凸性是对债券价格曲线弯曲程度的一种度量。凸性越大，债券价格曲线弯曲程度越大，用修正久期度量债券的利率风险所产生的误差越大。

$$凸性 = \frac{久期改变的百分比}{收益率改变的百分比} = \frac{1}{P} \cdot \frac{d^2 P}{dy^2}$$

2. 股票投资风险的测度

在实际投资中，根据系统风险和非系统风险的划分，股票投资的风险也被区分为总风险和系统风险。总风险是系统风险和非系统风险值之和，用方差 σ^2 来表示，系统风险用贝塔值 β 来表示。

方差用公式表示为：

$$\sigma^2(r) = \sum_{i=1}^{n} [r_i - E(r)]^2 p_i$$

其中，p_i 表示可能收益率发生的概率；σ 表示标准差。

在实际中使用历史数据来估计方差：假设证券的月或年实际收益率为 r_t ($t=1, 2, \cdots, n$)，估计方差为：

$$S^2 = \frac{1}{n-1} \sum_{t=1}^{n} (r_t - \bar{r})^2$$

当 n 较大时，也可使用下述公式估计方差：

$$S^2 = \frac{1}{n} \sum_{t=1}^{n} (r_t - \bar{r})^2$$

β 系数评估的是证券系统性风险，用以度量一种证券或一个投资证券组合相对总体市场的波动性。它所反映的是某一投资对象相对于大盘的表现情况。其绝对值越大，显示其收益变化幅度相对于大盘的变化幅度越大；绝对值越小，显示其变化幅度相对于大盘越小。如果是负值，则显示其变化的方向与大盘的变化方向相反。

单项资产系统风险用 β 系数来计量，通过以整个市场作为参照物，用单项资产的风险收益率与整个市场的平均风险收益率作比较，即：

$$\beta_i = \frac{\sigma_{iM}}{\sigma_M^2}$$

β_i 即证券 i 的 β 系数（贝塔系数）。

对任何一个证券组合 P，设其投资于各种证券的比例分别为 x_1，x_2，…，X_N，则有：

$$E(r_P) = x_1 E(r_1) + x_2 E(r_2) + \cdots + x_n$$
$$= x_1 \{r_f + [E(r_M) - r_f]\beta_1\} + x_2 \{r_f + [E(r_M) - r_f]\beta_2\} + \cdots +$$
$$x_n \{r_f + [E(r_M) - r_f]\beta_n\}$$

令 $\beta_P = x_1\beta_1 + x_2\beta_2 + \cdots + x_n\beta_n$，称为证券组合 P 的 β 系数。β 系数是衡量证券承担系统风险水平的指数。β 系数反映了证券或组合的收益水平对市场平均收益水平变化的敏感性。由于 β 系数是证券或组合系统风险的量度，因此，风险控制部门或投资者通常会利用 β 系数对证券投资进行风险控制，控制 β 系数过高的证券投资比例。

3. 投资组合的风险测度

设有 N 种证券，记作 A_1、A_2、$A_3 \cdots A_N$，证券组合 P = (x_1，x_2，x_3，…，x_N) 表示将资金分别以权数 x_1，x_2，x_3，…，x_N 投资于证券 A_1、A_2、$A_3 \cdots$、A_N。即：设 A_i 的收益率为 $r_i (i = 1, 2, \cdots, N)$，则证券组合 P = ($x_1$，$x_2$，$x_3$，…，$x_N$) 的收益率为：

$$r_P = \sum_{i=1}^{N} x_i r_i$$

推导可得证券组合 P 的期望收益率和方差为：

$$E(r_P) = \sum_{i=1}^{N} x_i E(r_i)$$

$$\sigma_P^2 = \sum_{i=1}^{N} \sum_{j=1}^{N} x_i x_j \text{cov}(x_i, x_j) = \sum_{i=1}^{N} \sum_{j=1}^{N} x_i x_j \sigma_i \sigma_j \rho_{ij}$$

其中，σ_P^2 为证券组合 P 的方差；ρ_{ij} 为 r_i 与 r_j 的相关系数（i、j = 1，2，…，N）。

由以上公式可知，要估计 $E(r_P)$ 和 σ_P^2，当 N 非常大时，计算量十分巨大。20 世纪 60 年代后，威廉·夏普提出了指数模型以简化计算。随着计算机技术的发展，已开发出计算 $E(r_P)$ 和 σ_P^2 的计算机运用软件，如 Matlab、SPSS 和 Eviews 等。

确定方差的主要方法包括历史数据法和情景综合分析法。

（1）历史数据法。

$$\sigma^2 = \frac{1}{N} \sum_{t=1}^{n} (R_t - \overline{R})^2$$

其中，R_t 表示 t 期内的投资收益率；R 表示平均投资收益率；N 表示总体个数。

(2) 情景综合分析法。

$$\sigma^2 = \sum_{i=1}^{n} \{[R_i - E(R)]^2 \cdot P_i\}$$

其中，R_i 表示 i 情形下的投资收益率；P_i 表示 i 情形发生的概率；E（R）表示期望回报的投资收益率。

（二）企业年金投资风险类型

1. 系统性风险

（1）利率风险。是指市场利率变化引起投资收益变动的可能性。市场利率的变化会引起货币工具和证券价格变动，并进一步影响货币资产和证券收益的确定性。利率与证券价格呈反方向变化，即利率提高，证券价格水平下跌；利率下降，证券价格水平上涨。原本投资于固定利率的金融工具，当市场利率上升时，可能导致其价格下跌的风险。利率变化还影响金融市场供求、实体经济的效益，这些都会影响金融资产价格。利率风险是期限（期限越长，对利率越敏感）、现金流（现金流越低，对利率越敏感）和现在的利率水平（利率水平越高，对利率的变化越不敏感）的函数。因为这些因素对于不同证券资产、不同的固定收益证券的影响各不相同，对不同的债务结构和资产的影响也不相同。企业年金基金投资货币类资产和固定收益类资产的比例较大，利率风险也因此较大。利率风险是资产价格的风险。利率的变化显然影响企业年金计划的充足性。

（2）通胀风险。又称购买力风险，是由于通货膨胀、货币贬值给投资者带来实际收益水平下降的风险。由于货币贬值、货币购买力水平下降，投资者的实际收益不仅没有增加，反而有所减少。企业年金基金投资的货币性资产可能因为通货膨胀、货币贬值的影响而导致购买力下降，从而使企业年金基金的实际收益下降，给投资者带来实际收益水平下降的风险。

购买力风险对不同证券的影响是不相同的，最容易受其损害的是固定收益证券，如国债、企业债券等。债券的名义收益率是固定的，当通货膨胀率升高时，其实际收益率就会明显下降，定息债券购买力风险较大，长期债券的购买力风险又要比短期债券大。

购买力风险对不同股票、不同行业、不同周期的影响也是不同的。在货币经济环境下，所有金融投资所面临的一个重要风险就是通货膨胀风险。企业年金基金投资的通货膨胀风险，是指由于通货膨胀的影响，导致企业年金基金投资绩效受损，投资风险加大，乃至影响企业年金基金的缴费和支付，尤其是最终影响企业年金基金的支付能力。

通货膨胀影响所有金融市场的金融工具的内在价值和投资收益率。对确定缴费型企业年金基金来说，通货膨胀的影响主要通过受益人资产的购买力的潜在下降来体现。如同确定给付型基金所面临的情形，确定缴费型企业年金基金或许提高缴费，或许取得更好的投资收益来抵消通货膨胀对企业年金基金的影响。

目前我国的物价水平基本稳定，但是，我们的企业年金基金设计和企业年金基金投资管理当中，对于长期温和的通货膨胀以及可能的潜在急剧的通货膨胀，并没有引起足够的重视。一些企业年金基金发起人和参与人误以为与工资关联的企业年金基金，工资增加会提高企业年金到期的支取额度，其实这只是表象，对企业年金基金没有根本影响。从现实来看，在 20～30 年里即使是温和的通货膨胀，企业年金基金受通货膨胀的影响都非常巨大。对待这种形式的通货膨胀风险的正确方法是，在企业年金基金设计和企业年金基金投资管理当中，把通货膨胀作为一个重要的风险因素纳入企业年金基金设计和企业年金基金投资管理当中。在企业年金基金设计阶段，充分预估未来通货膨胀对企业年金基金积累的影响，最好是设计与通货膨胀指数挂钩的企业年金基金，从根本上化解通货膨胀对退休支付能力的影响。在企业年金基金投资管理过程中，根据不同的通货膨胀环境，调整和优化企业年金基金资产战略配置，有效降低企业年金基金的投资风险。

(3) 经济周期风险。经济周期一般是指经济活动沿着经济发展的总体趋势所经历的有规律的扩张和收缩，是国民总产出、总收入和总就业的波动，是国民收入或总经济活动扩张与紧缩的交替或周期性波动变化。一个周期由繁荣、衰退、萧条、复苏四个阶段组成。其中衰退和复苏是两个主要阶段。当经济处于衰退阶段时，消费者购买能力急剧下降，企业通常会做出压缩生产的反应，投资急剧下降，对劳动的需求下降，产出下降，企业利润在衰退中急剧下滑。由于预期到这种情况，普通股票的价格一般会下跌，同时，由于对贷款需求减少，利率在衰退时期一般也会下降。

经济周期不可避免，并且对经济中的所有变量都有重要的影响。企业年金基金投资的经济周期波动风险，是指经济的这种总体性、全局性变动，不可避免地要对投资的金融资产的价值产生影响，从而影响投资收益。

(4) 政策风险。是指政府有关企业年金、证券市场、宏观经济的政策发生重大变化或是有重要的法规、举措出台，引起企业年金证券投资的波动、资产配置比例的变化、投资管理行为的变更等，从而给企业年金基金及其投资组合带来的风险。企业年金基金投资由于国家政策、法律、法规等金融市场外部因素导致的企业年金基金投资风险。政策法规的变化，是企业年金基金投资约束的外在刚性的要求。

企业年金投资的政策风险，一方面来自企业年金行业本身的政策变化，另一方面来自企业年金基金投资的金融证券市场及其环境的政策变化。企业年金行业本身在中国的发展历史时间较短，企业年金基金投资的制度尚不完善，整个企业年金制度的法律效力还停留在部门规章的层次上，企业年金基金的投资制度和政府监管行为的可变性，都带来企业年金基金投资的政策不稳定性。企业年金基金投资范围、资产配置比率、风险准备金的使用等政策的变化，都会给既定的企业年金基金投资组合带来新的风险。

企业年金基金所投向的金融市场尤其是证券市场，政府的制度和政策及其监管行为，直接影响证券市场的走势。金融证券政策应保持政策的稳定性和持续性，运用法律手段、经济手段和必要的行政管理手段引导证券市场长期健康稳定有序地发展。但是，在某些特殊情况下，政府也可能会改变发展证券市场的战略部署，出台一些扶持或抑制市场发展的政策，制定出新的法令或规章，从而改变市场原先的运行轨迹。一旦出现政策风险，几乎所有企业年金基金投资的证券都会受到影响，这就属于系统风险。

2. 非系统性风险

(1) 信用风险。又称违约风险，是指交易对手未能履行约定契约中的义务而造成经济损失的风险，即受信人不能履行还本付息的责任而使授信人的预期收益与实际收益发生偏离的可能性，它是投资风险的主要类型。信用风险实际上揭示了发行人在财务状况不佳时出现违约和破产的可能，证券发行人在证券到期时无法还本付息而使投资者遭受损失，它主要受证券发行人的经营能力、盈利水平、抵押担保能力、事业稳定程度及规模大小等因素影响。债券、优先股、普通股都可能有信用风险，但程度有所不同。信用风险是债券的主要风险，因为债券是需要按时还本付息的要约证券，债券的信用风险就是债券不能到期还本付息的风险。一般认为中央政府债券几乎没有信用风险，其他债券的信用风险依次从低到高排列为地方政府债券、金融债券、公司债券。在债券和优先股发行时，要进行信用评级，投资者回避信用风险的最好办法是参考证券信用评级的结果。信用级别高的证券信用风险小；信用级别越低，违约的可能性越大。企业年金基金投资，从风险防范的角度，对所投资的资产，应该按照信用风险由低到高进行选择。

（2）财务风险。是指公司财务结构不合理、融资不当而导致投资者预期收益下降的风险。财务风险主要包括：①无力偿还债务风险，由于负债经营以定期付息、到期还本为前提，如果公司用负债进行的投资不能按期收回并取得预期收益，公司必将面临无力偿还债务的风险，其结果不仅导致公司资金紧张，也会影响公司信誉程度，甚至还可能因不能支付而遭受灭顶之灾。②利率变动风险。公司在负债期间，由于通货膨胀等的影响，贷款利率发生增长变化，利率的增长必然增加公司的资金成本，从而抵减了预期收益。③再筹资风险。由于负债经营使公司负债比率加大，相应地对债权人的债权保证程度降低，这在很大程度上限制了公司从其他渠道增加负债筹资的能力。负债经营是现代企业应有的经营策略，通过负债经营可以弥补自有资本的不足，还可以用借贷资金来实现盈利。公司在营运中所需要的资金一般都来自发行股票和债务两个方面，其中债务（包括银行贷款、发行企业债券、商业信用）的利息负担是一定的，如果公司资金总量中债务比重过大，或是公司的资金利润率低于利息率，就会使股东的可分配盈利减少，股息下降，使股票投资的财务风险增加。公司融资产生的财务杠杆犹如一把双刃剑，当融资产生的利润大于债息率时，给股东带来的是收益增长的效应；反之，就是收益减少的财务风险。企业年金基金投资股票，财务风险中最大的风险当属公司亏损风险。财务风险管理，主要采取如下措施：一是资产负债匹配技术，确保在每个时点所拥有的年金资产和负债保持一个协调的比例；二是现金流量分析技术，目的是保持年金基金的流动性，确保当期的养老金兑现；三是账户管理人应随时接受委托人和职工对个人账户基金资产状况信息的查询和监督。同时还要接受社会的监督，如精算师、律师、会计师的监督。

（3）集中风险。是指企业年金基金过度集中投资于某类或某一资产的风险。过度集中投资导致的风险包括：使企业年金基金过度依赖于企业年金基金发起人和参与人的缴费而不是投资绩效。使投资组合不能实现必要的投资分散，不能有效地降低投资组合的非系统风险。不能有效地分享其他金融工具提供的投资机会，委托人和受益人的利益受到了损害。

控制企业年金基金投资的集中风险有效的办法包括：制定投资分散化为原则的投资政策、设计分散化的投资资产配置策略、检查和督促实施分散的投资操作策略。

从我国企业年金基金的投资结构来看，企业年金基金的投资大部分集中投资于银行储蓄产品和债券尤其是国债。银行储蓄产品和债券类投资产品，风险低、安全性强。但是，这些投资工具风险低并不等于就没有了投资风险。而且，从长期来看，货币类和固定受益类投资工具，一方面风险较低，另一方面长期收益率远远低于权益类投资工具。这些投资工具的投资风险和目前我国企业年金基金的投资结构风险，急需我国企业年金的主办人、受益人和投资管理人充分认识清楚并加以防范。

企业年金基金投资集中风险的控制方法主要是投资的分散化，但也有例外。如果企业年金基金规模足够大，可以通过设计不同的组合，分别投资不同类别的资产，各投资经理只需在本类别里实行资产分散化即可。"假设你的养老基金很大，你打算雇用很多名经理，让每个经理管理一定比例的资产……意味着这个养老基金实际成了投资组合经理的组合。每个经理都可以按照他的专长来进行投资，而不必注意分散化的问题，因为整个基金在不同的有管理的证券之间就已经实现了收益的分散化。"[①]

（4）关联风险。又称主办人关联风险或者称为企业年金基金关联风险，是指企业年金基金大量投资于企业年金基金发起人即企业年金主办人的资产，这样，企业年金主办人的运营情况、财务状况、管理状况等直接影响企业年金基金的投资绩效，甚至影响企业年金的缴款和支付。

关联风险对于企业年金基金投资的影响，有正反两方面的影响。一方面，当企业年金主办人经营状况良好、业绩优异、企业价值或企业资产价值提升的阶段，对企业年金主办人资产的投资，将提升企业年金基金的投资绩效，降低企业年金基金投资的风险。另一方面，联合风险使企业年金基金的投资绩效严

---

① 兹维·博迪，亚力克斯·凯恩，艾伦·马科斯. 投资学精要[M]. 北京：中国人民大学出版社，2007.

重依赖企业年金主办人企业资产的质量,不能更大范围地分享金融市场各种金融工具提供的投资机会,同时,如果企业年金主办人资产质量下降,将导致企业年金基金投资绩效下降,扩大企业年金基金投资风险。

我国一些大型的企业年金基金选择主要投资于企业年金基金主办人的资产如主办人发行的各种企业债券等,企业年金主办人和投资管理人,要充分意识到这种投资政策的利弊。大家熟知的"安然事件"等,都是企业年金基金集中投资于企业年金主办人的资产,结果导致企业年金基金投资失败,甚至基金无力兑付职工的养老金。

所以,在企业年金基金的投资政策设计当中,必须严格限制对企业年金基金主办人发行证券的投资。从风险分散的角度来看,甚至对于与企业年金主办人关联的行业、企业的投资,都必须加以限制。如电力行业的企业年金基金,其企业年金基金投资,对于电力行业上下游的行业、企业的投资如发电企业、电网企业、电力服务企业等,都必须持谨慎的态度,制定明确的投资政策,以期控制风险。

(5)委托代理风险。我国企业年金基金管理从2004年开始,提出了企业年金的管理采用由基金受托人、账户管理人、投资管理人和托管人共同管理企业年金基金的信托模式。该模式对企业年金的管理主体的诚信提出了更高的要求。委托代理风险一般来源有两个:一是来自企业内部,有些企业并没有将企业日常运营资金账户与企业年金基金账户分开进行管理,极易造成在企业经营发生困难之时,挪用企业年金基金来弥补亏损,威胁企业年金基金安全;二是来自基金受托人、投资管理人与托管人,基金投资对投资管理人的专业知识要求较高,要求投资机构具备良好的风险规避能力及敏锐的投资观察力,如果投资人只考虑投资收益率而忽略了安全性,冒险投资,势必会威胁企业年金基金安全。同时,也极易产生企业年金基金被盗用、挪用的状况。

造成委托代理风险的主要原因是企业年金基金代理双方信息的不对称。作为企业年金基金的委托人,由于自身年金基金管理水平及投资能力的限制,往往会将年金基金委托给专业的基金运营机构来进行投资运营。我国现有的企业年金基金管理方面的法律法规虽然规定,企业年金计划的参与人有权对年金基金的投资管理人的投资行为进行监管,并有权要求查阅年金基金的投资收益状况及相关财务报告等资料。但在企业年金基金实际操作过程中,资产管理人往往会以追求投资利益最大化为目标,与委托协议中的谨慎投资原则相背离,威胁到年金基金的安全。另外,企业年金计划的参与人作为委托方在年金运营过程中，往往只能得到一些事后的投资数据，不可能对年金基金整个投资运营过程进行监督。双方信息的不对称就造成了企业年金基金投资过程中的委托代理风险。

三、企业年金投资风险的管理与防范

（一）VaR 在企业年金投资风险管理中的应用

VaR 的产生是市场发展到一定阶段的产物。进入 20 世纪 70 年代以来，尤其是 70 年代末期布林顿森林体系崩溃后，金融市场的波动变得越来越频繁、金融市场机构体系越来越庞大、金融产品越来越丰富、金融产品价格波动性越来越大。无论是金融监管机构还是一般投资者，在监管或投资过程中面临的风险越来越大，这使得风险管理越来越重要。当面临金融产品繁多而且价格波动频繁的金融市场时，投资者和监管部门都希望通过一个简单的指标来反映在特定期间和特定市场价格变动下持有一定头寸的金融资产所可能遭受的损失额。1993 年，G30 集团在研究衍生品种基础上发表了《衍生产品的实践和规则》的报告，提出了度量市场风险的 VaR 模型。J. P. Morgan 公开的 Credit Metrics TM 技术成功地将标准 VaR 模型应用范围扩大到了信用风险的评估上，发展为信用风险估价（Credit Value at Risk）模型，当然计算信用风险评估的模型要比市场风险估值模型更为复杂。这种风险度量的方法后来在风险测量、监管等领域获得广泛应用，成为金融市场风险测度的主流。在风险管理的各种方法中，风险价值法（VaR 方法）最为引人瞩目。尤其是在过去的几年里，许多金融机构和监管当局开始把这种方法当作全行业衡量风险的一种标准来看待。

1. VaR 计算的基本原理

VaR 即 Value at Risk，中文译为风险价值，是指在正常的市场条件和给定的置信水平（通常是 95% 或 99%）下，在给定的持有期间内，用于评估和计量任何一种金融资产或证券投资组合所面临的市场风险大小和可能遭受的潜在最大价值损失。或者说在正常的市场条件下和给定的时间段内，该金融资产或证券投资组合发生 VaR 值损失的概率仅仅是给定的概率水平（置信水平）。

从统计的角度来看，VaR 实际上是投资组合回报分布的一个百分位数。从这个意义上来理解，则它和回报的期望值在原理上是一致的。正如投资组合回报的期望值实际上是对投资回报分布的第 50 个百分位数的预测值一样，在 99% 的置信水平上，VaR 实际上就是对投资回报分布的第 99 个百分位数（较低一侧）的预测值。也就是说，VaR 模型一般考虑线性和非线性价格暴露头寸、利率风险及隐含的线性波动率风险暴露头寸。借助该模型，对历史数据进行模拟运算，可求出在不同的置信水平（如 99%）下的 VaR 值（见图 8-5）。

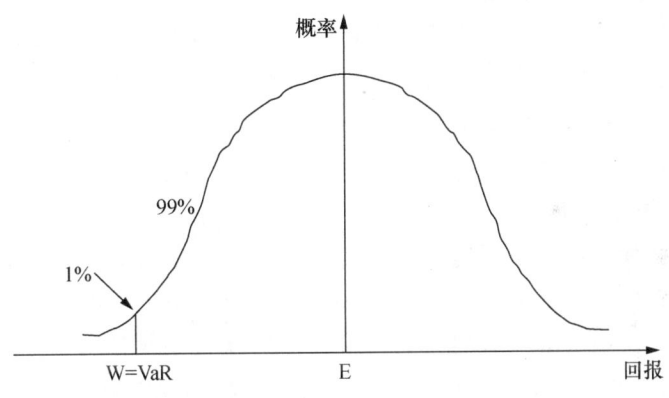

图 8-5　VaR 图示

对历史数据的模拟运算，需要建立一个假设交易组合值每日变化的分布，该假设是以每日观察到的市场重要指标或其他对组合有影响的市场因素（市场风险因素）的变化率为基础的。据此算出来的企业年金基金某日 VaR 值于当日企业年金基金证券投资组合可能的损失值相对应。如果某一企业年金基金以日为单位的回报率分布由图 8-5 给出，其中 E 点表示回报的期望值，也就是回报分布的第 50 个百分位数，W 表示回报分布在较低一侧的第 99 个百分位数，则 W 就是该组合在 99% 置信水平上的 VaR 值，它表示该组合在一日之内损失到 W 水平的可能性为 1%，或者说 100 个交易日内出现损失状况 W 的日数为一天。

要确定一个企业年金基金或资产组合的 VaR 值或建立 VaR 模型，必须首先确定以下三个系数：

（1）持有期限或目标期限。是指衡量回报波动性和关联性的时间单位，也是取得观察数据的频率，如所观察数据是日收益率、周收益率、月收益率还是年收益率等。持有期限应该根据组合调整的速度来具体确定。调整速度快的组合，如有些企业年金基金所拥有的交易频繁的头寸，应选用较短的期限，如1天；调整相对较慢的组合，如某些基金较长时期拥有的头寸，可以选用1个月，甚至更长。在既定的观察期间内（如1年），选定的持有期限越长，在观察期间内所得的数据越少（只有12个），进而就会影响到VaR模型对投资组合风险反映的质量。

（2）观察期间。是对给定持有期限的回报的波动性和关联性考察整体时间长度。观察期间的选择要在历史数据的可能性和市场发生结构性变化的危险之间进行权衡。为了克服商业循环等周期性变化的影响，历史数据越长越好，但是时间越长，收购兼并等市场结构性变化的可能性也就越大，而这则会使得历史数据越来越难以反映现实和未来的情况。

（3）置信水平。过低，损失超过VaR值的极端事件发生的概率会过高，就会使VaR值失去意义；过高，超过了VaR的极端事件发生的概率可以得到降低，但统计样本中反映极端事件的数据也越来越少，这会使得VaR值估计的准确性下降。VaR的准确性和模型的有效性可以通过返回测试来检验。置信水平决定了返回检验的频率：如对于日回报率的VaR值，95%的置信水平意味着每20个营业日进行一次返回检验，而采用99%的置信水平，返回测试的频率只有100个营业日一次。

除了要确定VaR模型的三个关键系数外，另一个关键问题就是确定企业年金基金或资产组合在既定的持有期限内的回报的概率分布，即概率密度函数。如果能够拥有或根据历史数据直接估算出投资组合中所有金融工具的收益的概率分布和整个组合收益的概率分布，那么作为该分布的一个百分位数的VaR值也就能相当容易地推算出来。但要取得所有金融工具的收益分布是不容易的，所以投资组合收益分布的推算就成为整个VaR法中最重要也是最难解决的一个问题。目前解决的办法是将这些金融工具的收益转化为若干风险因子（Risk Factors）的收益，这些风险因子是能够影响金融工具收益的市场因素，如利率、汇率、股票指数等，然后把投资组合转化为风险因子的函数，再通过各种统计方法得到这些风险因子收益的概率分布，再在此基础上得到整个组合收益的概率分布，最终求解出VaR的估计值。

2. VaR 的主要计算方法[①]

到目前为止，VaR 的计算方法有许多种，具体可以归纳为两种：①局部估值法（Local-valuation Method），即通过仅在资产组合的初始状态做一次估值，并利用局部求导来推断可能的资产变化而得出风险衡量值，如德尔塔—正态分布法；②完全估值法（Full-valuation Method），即通过对各种情景下投资组合的重新定价来衡量风险，如历史模拟法和蒙特卡罗模拟法。

（1）德尔塔—正态分布法。假设组合回报服从正态分布，利用正态分布的良好特性——置信度与分位数的对应性计算的组合的 VaR 等于组合收益率[②]的标准差与相应置信度下分位数的乘积：

$$VaR = Z_\alpha \cdot \sigma \cdot \sqrt{\Delta t}$$

其中，Z_α 表示标准正态分布下置信度 α 对应的分位数；σ 表示组合收益率的标准差；Δt 表示持有期。

正态分布法大大简化了计算量，但其具有很强的假设性，无法处理实际数据中的厚尾现象，具有局部测量性等不足的问题。持有期和置信度是 VaR 两个重要的参数。对于不同的投资者和风险管理者，选择一个适当的持有期主要考虑以下因素：头寸的波动性、交易发生的频率、市场数据的可获性、监管者的要求等。通常情况下，养老基金包括企业年金基金计算 VaR 采用 1 个月以上的时间周期作为持有期。

（2）历史模拟法。是借助计算过去一段时间内的资产组合风险收益的频度分布，通过找到历史上一段时间内的平均收益，以及在既定置信水平 α 下的最低收益率，计算资产组合的 VaR 值。历史模拟法的核心在于根据市场因子的历史样本变化模拟证券组合的未来损益分布，利用分位数给出一定置信度下的 VaR 估计。模拟的核心是将当前的权数放到历史的资产收益率时间序列中。计算步骤为：

第一步，计算组合中第 i 只证券在时间 t 的收益率 $R_{i,k}$。

第二步，计算虚拟投资组合时间序列的收益率 $R_{p,k}$。

[①] 本书 VaR 的主要计算方法是资产管理行业标准的通用的方法，其方法价值在于企业年金基金投资风险管理的运用当中，在此不做模型、公式的求证、推导、分析。

[②] VaR 的计算中，收益率一般采用对数收益率，即 $R_t = LnP_t - LnP_{t-1}$，其中，P_t 表示第 t 天的收盘价。

第三步，将可能的虚拟组合收益率从小到大排序，得到损益分布，通过给定的置信度对应的分位数求出 VaR。

计算公式为：

$$R_{p,k} = \sum_{i=1}^{N} w_{i,t} R_{i,k} \quad (k = 1, 2, \cdots, t)$$

其中，$R_{p,k}$ 表示投资组合在时间 k 的收益率，是构造的虚拟收益率；$w_{i,t}$ 表示当前时间 t 的投资权重；$R_{i,k}$ 表示组合中第 i 只证券在时间 k 的收益率。

历史模拟法的概念直观、计算简单，无须进行分布假设，可以有效地处理非对称和厚尾，可以较好地处理非线性市场大幅波动等情况，可以捕捉各种风险。历史模拟法的缺点是需要大量的历史样本数据，计算量巨大，而且它假定市场因子的未来变化与历史完全一样，这与实际金融市场的变化是不一致的。

（3）蒙特卡罗模拟法。是基于历史数据和既定分布假定的参数特征，借助随机产生的方法模拟出大量的资产组合收益的数值，再计算 VaR 值。历史模拟法计算的 VaR 是基于历史市场价格变化得到组合损益的 n 种可能结果，从而在观察到的损益分布基础上通过分位数计算 VaR。蒙特卡罗模拟法模拟的 VaR 计算原理与此类似，不同之处在于市场价格的变化不是来自历史观察值，而是通过随机数模拟得到。其基本思路是假设资产价格的变动依附在服从某种随机过程的形态，利用电脑模拟，在目标时间范围内产生随机价格的途径，并依次构建资产报酬分布，在此基础上求出 VaR。

蒙特卡罗模拟法的操作主要包括三个步骤：

第一步，选择适合描述资产价格途径的随机过程。比如，对于股价或汇率的随机过程，多以几何布朗运动模型来描述。

第二步，依随机过程模拟虚拟的资产价格途径。

第三步，综合模拟结果，构建资产报酬分布，并以此计算投资组合的 VaR。

蒙特卡罗模拟法的优点是可涵盖非线性资产头寸的价格风险、波动性风险，甚至可以计算信用风险；可处理时间变异的变量、厚尾、不对称等非正态分布和极端状况等特殊情景。主要缺点是：需要繁杂的电脑技术和大量的复杂抽样，既昂贵且费时；对于代表价格变动的随机模型，若选择不当，会导致模型风险的产生；模拟所需的样本数必须要足够大，才能使估计出的分布得以与真实的分布接近。

3. VaR 在风险管理上的优势

相对于以往的风险度量方法，VaR 的全面性、简明性、实用性决定了其

第八章　企业年金投资风险管理

在金融风险管理中有着广泛的应用基础,主要表现在风险管理与控制、资产配置与投资决策、绩效评价和风险监管等方面。

风险管理是企业年金管理的重要组成部分。风险管理与控制的核心之一是风险的计量、风险限额的确定与分配、风险监控。传统的风险限额管理主要是头寸规模控制。其风险管理的缺陷在于不能在各业务部门之间进行比较、没有包含杠杆效应因而对衍生产品组合可能会产生错误的表述、没有考虑不同业务部门之间的分散化效应。现代风险管理强调采用以 VaR 为核心,辅之敏感性和压力测试等形成不同类型的风险限额组合。其主要有以下的优势:

(1) VaR 限额是动态的,可以捕捉到市场环境和不同业务部门组合成分的变化,还可以提供当前组合和市场风险因子波动特性方面的信息;VaR 限额可以在组织的不同层次上进行确定,从而可以对整个公司和不同业务部门的风险进行管理。

(2) VaR 限额结合了杠杆效应和头寸规模效应。

(3) VaR 允许人们汇总和分解不同市场和不同工具的风险,从而能够使人们深入了解到整个企业的风险状况和风险源。

(4) 可以事前计算风险,不像以往风险管理的方法都是在事后衡量风险大小。

(5) VaR 考虑了不同组合的风险分散效应。

(6) VaR 可以简单明了地表示市场风险的大小,单位是美元或其他货币,没有任何技术色彩,没有任何专业背景的投资者和管理者都可以通过 VaR 值对金融风险进行评判。

正是基于 VaR 以上种种优势,已有超过 1000 家的银行、保险公司、投资基金、养老基金及非金融公司将 VaR 方法作为风险管理和控制手段。通过对每个交易员、交易单位和整个机构设置 VaR 限额,使每个交易员、交易单位及整个金融机构都确切地明了他们进行的金融交易有多大风险,并有效防止过度投机行为的出现。

(二) 衍生品在企业年金投资风险管理中的应用

随着中国金融衍生品市场的发展,股指期货、国债期货相继推出,作为注重稳健投资的企业年金,如何摆脱市场系统性风险的影响,将决定着投资收益的高低。未来衍生品市场必然会展现出蓬勃的发展势头,企业年金基金应该充分利用衍生工具来实现年金保值增值的目标，包括套期保值的应用、套利的应用等。

经济合作与发展组织（OECD）认为，金融衍生工具是一份双边合约或支付交换协议，它们的价值是从基本的资产或某种基础性的利率或指数上衍生出来的。传统的衍生工具主要包括远期、期货、期权和互换四类，涉及的基础产品有外汇、利率、股票、债券、指数等。随着金融工程技术的发展，更多的金融衍生品也在不断被创造。金融衍生工具具有套期保值和风险分解的功能。通过持有与年金组合中产品规模相当，方向相反的头寸，可以锁定企业年金组合中产品的风险，防止价格的大幅波动。风险分解是将包含在基础资产中的价格风险部分分解出来，单独进行定价和交易。这就使企业年金基金可以根据自身的偏好及经济上的限制对自身的风险暴露进行裁剪，进行价格风险的转移与重新分配，完成套期保值。

套期保值一般分为买入和卖出套期保值两类，卖出套期保值是通过卖出合约来锁定未来价格下跌的风险，买入套期保值是通过买入期货合约来何锁定未来价格上涨的风险。金融衍生工具一般实行的是保证金交易，用较少的资本就可以控制较大头寸的交易，因而其单位头寸交易成本很低。虽然市场参与者也可以通过现货市场完成保值的目的，但交易成本约为金融衍生工具的 10~20 倍，而且由于涉及资产或负债的购买与转让，利用现货进行保值比利用金融衍生工具速度慢得多。

经过几十年的发展，我国的衍生品市场规模在不断扩大，新品种不断被推出，市场功能日益完善。尤其是 2008 年金融危机之后，国内期货市场融入世界期货市场的步伐不断加快，新业务、新品种不断推出，我国期货市场进入了创新发展的新阶段。国际上金融类衍生品约占市场总成交量的 90%，商品类衍生品仅占 10% 左右的份额，但是我国金融期货产品仅有中金所于 2010 年 4 月推出的沪深 300 股指期货合约以及 2013 年 9 月推出的 5 年期国债期货合约，品种数量较少。我国场外金融衍生品市场虽然监管环境宽松，但发展也很缓慢，不能起到分散风险的作用。

我国企业年金仅可利用股指期货进行套期保值为目的的交易。股指期货的套期保值与其他期货的套期保值原理一样，是利用股指期货和股票现货之间的关系，通过在期货市场上进行相应的操作来管理现货市场的头寸风险。如已经拥有股票或预期将要持有股票的企业年金基金，在对未来的股市走势没有把握或预测股价将会下跌的时候，为避免股价下跌带来的损失，卖出股指期货合约进行保值。这样一旦股票市场真的下跌,基金可以从期货市场上卖出股指期货合约的交易中获利,以弥补股票现货市场上的损失。

事实上,套期保值并不是那么简单;若要实现完全套期保值,所持有的股票组合回报率需完全等于股市指数期货合约的回报率。因此,套期保值的效果不仅取决于该投资组合回报率的波动与股指期货合约回报率之间的关系,即股票组合的风险系数(Beta),还取决于市场基差(现货价格—期货价格)。由于我国目前只有沪深300股指期货合约,因此企业年金在做套期保值时,可选择的范围较窄。

(三) 企业年金投资风险管理的其他方法

1. 投资策略书中制定风险目标

投资政策书是企业年金投资运营之前委托人和受托人制订的关于投资策略的纲领性文档,明确投资方向和目标。在这一文档中可以通过制订风险目标的方法为投资风险管理做出计划与约定,明确投资中参考的收益基准、风险基准和考核方法,明确委托人的风险容忍度。除了风险目标,投资政策书还会对流动性要求、投资期限、法律法规要素等投资约束加以制定。另外,委托人的一些特殊要求也会被纳入。

2. 多资格专营机构分立形成风险制衡

通过同一笔资金在不同专营机构(或同一机构内负责不同资格业务的不同部门)间的流转,形成业务控制的"防火墙",防范各类风险。企业年金法规中要求投资管理人和托管人不能由同一管理人担任的政策,旨在使托管人对投资合规性进行监督,监督投资管理人是否从事了禁止投资或限制投资的活动,在发现违规行为时托管人有举报的义务。

3. 投资风险计量分析与控制

在投资交易流程中,建立专用的风险计量系统对财务估值结果与交易信息分析计算,得出风险度量值,供投资管理人和受托人管理风险参考。根据分析数据,投资管理人需在事前、事中、事后进行相应的控制。事前控制主要针对投资决策风险,从源头加以控制,保障决策的科学性;事中控制对投资经理决策权如头寸限制、个股的比例上限、禁投股票等进行限定；事后控制包括止损止盈、投资分析报告、业绩评估等。

受托人监督各资格专营机构的市场风险、信用风险、流动性风险，对各管理人进行选择、监督、评估、控制，制定并实施受托人角度的投资控制策略，定期评估并实时监控投资管理人的收益与风险，以本金、定期存款、市场基准等为跟踪标准，关注短期波动指标和安全垫状况同时为委托人和监管机构提供投资监督分析数据。在基金监督过程中，受托人常用的管理工具包括风险提示函、强制指令（平仓、调低资产比例上限）下发、约谈与走访、年金投资报告、投资分析报告、投资沟通研讨会等。

（四）企业年金投资风险防范

企业年金在投资中可能会遭受收益损失甚至本金损失的风险。作为稳健型的企业年金在投资中要在争取最大收益的条件下尽量回避风险。在企业年金法规中，规定70%以上的企业年金基金必须投资于低风险金融工具，只有30%以内的企业年金基金能投资风险较大的权益类资产。在具体的投资管理中，投资管理人通过分散化投资和多样化投资，构建风险收益特征适当的投资组合，有效地降低投资亏损的风险，保障企业年金基金的安全性。本节首先介绍企业年金投资的风险管理实践，之后从建立企业年金风险准备金制度、企业投资管理人内部控制、对投资管理人进行年度绩效评估来具体分析企业年金投资风险的防范。

1. 企业年金投资的风险管理实践

风险管理指如何在一个肯定有风险的环境里把风险减至最低的管理过程，包括对风险的量度、评估和应变策略。理想的风险管理是一连串排好优先次序的过程，使当中的可以引致最大损失及最可能发生的事情优先处理，而相对风险较低的事情则押后处理。企业年金基金投资风险管理通过风险识别、预测和衡量、选择有效手段，以尽可能降低成本，有计划地处理风险，以获得企业年金基金投资安全保障。这就要求企业年金基金投资过程中，应对可能发生的风险进行识别，预测各种风险发生后对资源及投资管理造成的消极影响。风险的识别、风险的预测和风险的处理是企业年金投资风险管理的主要步骤。

一旦确定了企业年金基金的收益目标、风险承受度和限制条件，战略性的

第八章 企业年金投资风险管理

资产组合决策企业年金基金委托人、受益人、受托机构和企业年金基金经理需要用一种系统的方式去分析风险和管理风险。企业年金基金的投资风险管理是一个综合的系统，从基金的投资政策制定、产品设计，到资产配置，再到投资组合构建、个券的选择、投资时机的选择，整个运作流程都需要建立严格的风险控制制度，并确保风险控制措施的有效执行。当研究降低风险或增加收益策略时，必须重点关注表 8-1 中的问题并优化企业年金基金投资管理过程。

表 8-1 企业年金投资风险管理中的主要问题

一般性问题	企业年金基金投资现在和将来面临哪些风险？这些风险的程度如何？ 企业和职工、企业年金基金投资管理机构了解这些风险吗？ 这些风险是否被正确地管理和监督？ 委托人企业和职工能够承受什么样的风险水平？ 风险产生的原因是什么？ 企业职工的平均年龄与流动性支付需求是什么水平？
战略性问题	企业年金基金采取某种收益风险策略的动机是什么？ 企业年金基金试图减少风险吗？为什么和以什么代价放弃了收益机会？ 企业年金基金试图提高收益吗？这种行为将怎样影响企业年金基金的整体风险？ 企业年金基金委托机构有什么特定的风险收益约束条件？ 企业年金基金投资管理的激励相容制度是怎样设计的？ 投资策略和企业年金基金的投资政策相吻合吗？ 特定的投资策略如何影响企业年金基金的整体风险？ 企业年金基金投资策略在多长的时间内是有效的？
管理问题	有哪些风险管理策略和工具？ 每种策略和工具的优缺点是什么？ 在不同的市场条件下策略和工具如何发挥作用？ 投资管理人有什么样的风险管理系统、方法？ 风险管理的成本有多少？
组织问题	投资管理人有什么样的风险管理机构、制度、人员？ 企业年金基金投资管理人选择了什么样的专家来管理不同的风险？ 企业年金基金经理在使用风险管理策略和工具时，是否对其有充分的了解？ 是否存在指导风险管理策略及企业年金基金经理选择和监督的政策？

我国企业年金在投资管理具体实践中，将资金安全、业绩稳健、保值增值作为总体目标，运行多年来各专营机构均认真关注投资风险管理工作，购买、

开发风险管理的计算机软件系统,安排专人管理投资风险,进行风险的实时监控和定期评估。行业内一直积极研究投资组合保本策略制度化,高风险资产的平仓机制。但是,在委托人企业关注点的影响下,在近年的受托人基金监督和投资管理人内部风险控制中总是更多地关注如何防范下行风险,投资管理人也在保证绝对收益的同时,不得不在委托人压力下追求一定的业绩排名,扩大了风险敞口,行业内则对此加大了面向委托人的投资者教育,以期提高业绩考核的合理性,努力避免考核的短期性、唯排名论。

企业年金管理中的不同关系人目前在投资风险管理发挥作用的状况整理如表8-2所示。

表8-2 不同关系人在企业年金投资风险管理中发挥的作用

关系人名称	在投资风险管理中发挥的作用
政府监管部门	整体监督,但对投资风险的测度与评价尚无统一的指导意见
委托人客户	主要关心信息披露报告中的投资收益、收益率、收益归因分析结果,而对风险管理的各项参数关注程度不够
委托人	一般会通过相应风险值的测算结果监督投资管理人的组合管理情况,但相比之下,受托人对合规性的投资约束执行及投资收益监督的投入更大
投资管理人	投资事前、事中会通过交易管理系统中的风控规则、禁投池要求控制风险,事后会通过风险测算系统进行风险值的观测与回顾
账户管理人	主要从资金调拨中流动性风险角度控制风险
托管人	以制约管控投资管理人违规行为的形式管控风险

总之,因为委托人的关注侧重,中国企业年金的实际投资中仍属于收益导向型管理方式,对风险的管理处于相对初级的阶段。

2. 企业年金投资的风险准备金制度

为了确保企业年金基金持有人的利益,很多国家对企业年金收益都进行某种程度的担保。作为保证,养老金监管机构要求各养老基金采取一些保证措施:或出资成立中央担保基金,或自行提取一定比例作为储备,或由基金管理公司的自有资本作支撑。风险保证金的规模总体上根据企业年金基金的资产规模或基金承担风险的大小来确定风险储备的规模和比例。

中国企业年金法规对企业年金基金投资的风险作出了风险准备的规定。投资管理人从当期收取的管理费中,提取20%作为企业年金基金投资管理风险准备金,专项用于弥补企业年金基金投资亏损。企业年金基金投资管理风险准备金在托管银行专户存储,余额达到投资管理企业年金基金财产净值的10%时可不再提取。投资资产托管账户和投资管理风险准备金账户不得支取现金。《通知》还明确托管人应按照合同约定的提取标准和时间,将投资管理风险准备金及时足额划入投资管理风险准备金账户。如果发生因投资管理人的债权人或其他权利人申请查封、扣押、冻结或强制执行风险准备金时,投资管理人和托管人应及时报告受托人,由此造成的风险准备金资金减少额,投资管理人应在两个工作日内予以补足。

投资管理人不得将风险准备金转存定期存款的存款证实书和存单用于任何质押和转让。风险准备金产生的存款利息收入应纳入风险准备金管理。未经有关受托人确认许可,投资管理人不得动用相应投资组合账户的风险准备金。

3. 企业年金投资管理人的内部控制

企业年金是职工的"养命钱",有别于一般的证券投资基金和其他机构投资,对安全性的要求更高,承受风险的能力更低。建立健全企业年金基金投资管理机构的内控机制是成功实现风险控制的前提。企业年金基金投资管理机构的内部控制的目标是保证企业年金基金投资管理符合国家有关政策法规规定、实现投资管理收益目标、降低和控制投资管理风险。其原则有合法性原则、全面性原则、有效性原则、审慎性原则、独立性原则等。企业年金基金管理投资机构一般设立风险控制委员会、督察员、稽核部、危机处理小组等不同层次的风险控制组织,全面监控投资风险。在企业年金投资管理的实际过程中,投资风险主要分为投资决策风险、投资指令执行风险,涉及的机构及人员主要有投资决策委员会、基金经理和交易人员,投资管理人需要对各风险重点源进行针对性地监控。在不同的投资管理阶段,投资管理的风险特点不同,对投资过程的事前、事中、事后阶段需要分别采取不同风险控制管理办法,从而有效地将风险控制在一定的范围之内。

事前风险控制主要针对投资决策风险。投资决策风险的控制主要采取研究支持,有效识别、测度风险,从源头上控制风险,保障投资决策委员会和投资经理决策的科学性。建立和执行投资委员会集体决策制度,并实行风险控制委员会、督察员应对投资决策委员会的决策进行监督。

事中风险控制涉及投资决策风险和决策执行风险,当事人有基金经理、投资总监及交易人员。为有效控制风险，投资决策委员会对基金经理进行授权，对基金经理的投资决策权如风险头寸的限制、投资个股（券）的比例的上限等进行限定。建立风险指标体系，对投资过程进行风险监控，做好风险记录和风险分析，全面监控风险。对于交易过程，限定交易员的权限，通过组织控制和电脑技术控制，实行全面的风险监控，防范风险。

事后风险控制主要包括止损止盈、定期的投资分析报告、业绩评估、稽核等。

4. 对投资管理人的年度绩效评估

对投资管理人进行年度绩效评估，采用量化评分的方法进行年度考核评分。各单位按百分制给各管理机构评分，对于管理机构在年金管理过程中取得的突出成绩、做出的重大贡献或者出现的重大过失、重大问题可通过附加分的形式进行附加考核，附加分一并计入总分，通过算术平均计算出各管理机构所提供的管理服务年度评分。投资管理人评估内容主要包括：管理运营、投资业绩、信息披露、客户服务和对重大事项的附加考核。

投资业绩评估采用基于企业年金基金收益率的量化分析方法，分别采用时间加权收益率（R_T）、收益波动性（标准差δ）和风险调整后收益（RaR）指标，反映投资绩效的收益性、风险性和风险调整后收益。根据评估结果，对绩效评估排名靠后或年度绩效评估变动较大的投资管理人进行诫勉谈话，或者撤换投资管理人。建立和完善以业绩为导向的企业年金资产分配机制，通过对已有年金资产和新增资产分配的动态调整，有效敦促各管理机构提高整体投资收益水平。

附　录

企业年金基金管理办法

第一章　总则

第一条　为维护企业年金各方当事人的合法权益，规范企业年金基金管理，根据《劳动法》、《信托法》、《合同法》、《证券投资基金法》等法律和国务院有关规定，制定本办法。

第二条　企业年金基金的受托管理、账户管理、托管、投资管理以及监督管理适用本办法。

本办法所称企业年金基金，是指根据依法制定的企业年金计划筹集的资金及其投资运营收益形成的企业补充养老保险基金。

第三条　建立企业年金计划的企业及其职工作为委托人，与企业年金理事会或者法人受托机构（以下简称受托人）签订受托管理合同。

受托人与企业年金基金账户管理机构（以下简称账户管理人）、企业年金基金托管机构（以下简称托管人）和企业年金基金投资管理机构（以下简称投资管理人）分别签订委托管理合同。

第四条　受托人应当将受托管理合同和委托管理合同报人力资源社会保障行政部门备案。

第五条　一个企业年金计划应当仅有 1 个受托人、1 个账户管理人和 1 个托管人，可以根据资产规模大小选择适量的投资管理人。

第六条　同一企业年金计划中，受托人与托管人、托管人与投资管理人不得为同一人；建立企业年金计划的企业成立企业年金理事会作为受托人的，该企业与托管人不得为同一人；受托人与托管人、托管人与投资管理人、投资管理人与其他投资管理人的总经理和企业年金从业人员，不得相互兼任。

同一企业年金计划中，法人受托机构具备账户管理或者投资管理业务资格的，可以兼任账户管理人或者投资管理人。

第七条　法人受托机构兼任投资管理人时，应当建立风险控制制度，确保各项业务管理之间的独立性；设立独立的受托业务和投资业务部门，办公区域、运营管理流程和业务制度应当严格分离；直接负责的高级管理人员、受托业务和投资业务部门的工作人员不得相互兼任。

同一企业年金计划中，法人受托机构对待各投资管理人应当执行统一的标准和流程，体现公开、公平、公正原则。

第八条　企业年金基金缴费必须归集到受托财产托管账户，并在45日内划入投资资产托管账户。企业年金基金财产独立于委托人、受托人、账户管理人、托管人、投资管理人和其他为企业年金基金管理提供服务的自然人、法人或者其他组织的固有财产及其管理的其他财产。

企业年金基金财产的管理、运用或者其他情形取得的财产和收益，应当归入基金财产。

第九条　委托人、受托人、账户管理人、托管人、投资管理人和其他为企业年金基金管理提供服务的自然人、法人或者其他组织，因依法解散、被依法撤销或者被依法宣告破产等原因进行终止清算的，企业年金基金财产不属于其清算财产。

第十条　企业年金基金财产的债权，不得与委托人、受托人、账户管理人、托管人、投资管理人和其他为企业年金基金管理提供服务的自然人、法人或者其他组织固有财产的债务相互抵消。不同企业年金计划的企业年金基金的债权债务，不得相互抵消。

第十一条　非因企业年金基金财产本身承担的债务，不得对基金财产强制执行。

第十二条　受托人、账户管理人、托管人、投资管理人和其他为企业年金基金管理提供服务的自然人、法人或者其他组织必须恪尽职守，履行诚实、信用、谨慎、勤勉的义务。

第十三条　人力资源社会保障部负责制定企业年金基金管理的有关政策。

人力资源社会保障行政部门对企业年金基金管理进行监管。

第二章 受托人

第十四条 本办法所称受托人,是指受托管理企业年金基金的符合国家规定的养老金管理公司等法人受托机构(以下简称法人受托机构)或者企业年金理事会。

第十五条 建立企业年金计划的企业,应当通过职工大会或者职工代表大会讨论确定,选择法人受托机构作为受托人,或者成立企业年金理事会作为受托人。

第十六条 企业年金理事会由企业代表和职工代表等人员组成,也可以聘请企业以外的专业人员参加,其中职工代表不少于1/3。理事会应当配备一定数量的专职工作人员。

第十七条 企业年金理事会中的职工代表和企业以外的专业人员由职工大会、职工代表大会或者其他形式民主选举产生。企业代表由企业方聘任。

理事任期由企业年金理事会章程规定,但每届任期不得超过3年。理事任期届满,连选可以连任。

第十八条 企业年金理事会理事应当具备下列条件:

(一)具有完全民事行为能力;

(二)诚实守信,无犯罪记录;

(三)具有从事法律、金融、会计、社会保障或者其他履行企业年金理事会理事职责所必需的专业知识;

(四)具有决策能力;

(五)无个人所负数额较大的债务到期未清偿情形。

第十九条 企业年金理事会依法独立管理本企业的企业年金基金事务,不受企业方的干预,不得从事任何形式的营业性活动,不得从企业年金基金财产中提取管理费用。

第二十条 企业年金理事会会议,应当由理事本人出席;理事因故不能出席,可以书面委托其他理事代为出席,委托书中应当载明授权范围。

理事会作出决议,应当经全体理事2/3以上通过。理事会应当对会议所议事项的决定形成会议记录,出席会议的理事应当在会议记录上签名。

第二十一条 理事应当对企业年金理事会的决议承担责任。理事会的决议违反法律、行政法规、本办法规定或者理事会章程,致使企业年金基金财产遭受损失的,理事应当承担赔偿责任。但经证明在表决时曾表明异议并记载于会议记录的,该理事可以免除责任。

企业年金理事会对外签订合同,应当由全体理事签字。

第二十二条　法人受托机构应当具备下列条件:

(一) 经国家金融监管部门批准,在中国境内注册的独立法人;

(二) 注册资本不少于5亿元人民币,且在任何时候都维持不少于5亿元人民币的净资产;

(三) 具有完善的法人治理结构;

(四) 取得企业年金基金从业资格的专职人员达到规定人数;

(五) 具有符合要求的营业场所、安全防范设施和与企业年金基金受托管理业务有关的其他设施;

(六) 具有完善的内部稽核监控制度和风险控制制度;

(七) 近3年内没有重大违法违规行为;

(八) 国家规定的其他条件。

第二十三条　受托人应当履行下列职责:

(一) 选择、监督、更换账户管理人、托管人、投资管理人;

(二) 制定企业年金基金战略资产配置策略;

(三) 根据合同对企业年金基金管理进行监督;

(四) 根据合同收取企业和职工缴费,向受益人支付企业年金待遇,并在合同中约定具体的履行方式;

(五) 接受委托人查询,定期向委托人提交企业年金基金管理和财务会计报告。发生重大事件时,及时向委托人和有关监管部门报告;定期向有关监管部门提交开展企业年金基金受托管理业务情况的报告;

(六) 按照国家规定保存与企业年金基金管理有关的记录自合同终止之日起至少15年;

(七) 国家规定和合同约定的其他职责。

第二十四条　本办法所称受益人,是指参加企业年金计划并享有受益权的企业职工。

第二十五条　有下列情形之一的,法人受托机构职责终止:

(一) 违反与委托人合同约定的;

(二) 利用企业年金基金财产为其谋取利益,或者为他人谋取不正当利益的;

（三）依法解散、被依法撤销、被依法宣告破产或者被依法接管的；

（四）被依法取消企业年金基金受托管理业务资格的；

（五）委托人有证据认为更换受托人符合受益人利益的；

（六）有关监管部门有充分理由和证据认为更换受托人符合受益人利益的；

（七）国家规定和合同约定的其他情形。

企业年金理事会有前款第（二）项规定情形的，企业年金理事会职责终止，由委托人选择法人受托机构担任受托人。企业年金理事会有第（一）、（三）至（七）项规定情形之一的，应当按照国家规定重新组成，或者由委托人选择法人受托机构担任受托人。

第二十六条　受托人职责终止的，委托人应当在45日内委任新的受托人。

受托人职责终止的，应当妥善保管企业年金基金受托管理资料，在45日内办理完毕受托管理业务移交手续，新受托人应当接收并行使相应职责。

第三章　账户管理人

第二十七条　本办法所称账户管理人，是指接受受托人委托管理企业年金基金账户的专业机构。

第二十八条　账户管理人应当具备下列条件：

（一）经国家有关部门批准，在中国境内注册的独立法人；

（二）注册资本不少于5亿元人民币，且在任何时候都维持不少于5亿元人民币的净资产；

（三）具有完善的法人治理结构；

（四）取得企业年金基金从业资格的专职人员达到规定人数；

（五）具有相应的企业年金基金账户信息管理系统；

（六）具有符合要求的营业场所、安全防范设施和与企业年金基金账户管理业务有关的其他设施；

（七）具有完善的内部稽核监控制度和风险控制制度；

（八）近3年内没有重大违法违规行为；

（九）国家规定的其他条件。

第二十九条　账户管理人应当履行下列职责：

（一）建立企业年金基金企业账户和个人账户；

（二）记录企业、职工缴费以及企业年金基金投资收益；

（三）定期与托管人核对缴费数据以及企业年金基金账户财产变化状况，及时将核对结果提交受托人；

（四）计算企业年金待遇；

（五）向企业和受益人提供企业年金基金企业账户和个人账户信息查询服务；向受益人提供年度权益报告；

（六）定期向受托人提交账户管理数据等信息以及企业年金基金账户管理报告；定期向有关监管部门提交开展企业年金基金账户管理业务情况的报告；

（七）按照国家规定保存企业年金基金账户管理档案自合同终止之日起至少15年；

（八）国家规定和合同约定的其他职责。

第三十条　有下列情形之一的，账户管理人职责终止：

（一）违反与受托人合同约定的；

（二）利用企业年金基金财产为其谋取利益，或者为他人谋取不正当利益的；

（三）依法解散、被依法撤销、被依法宣告破产或者被依法接管的；

（四）被依法取消企业年金基金账户管理业务资格的；

（五）受托人有证据认为更换账户管理人符合受益人利益的；

（六）有关监管部门有充分理由和证据认为更换账户管理人符合受益人利益的；

（七）国家规定和合同约定的其他情形。

第三十一条　账户管理人职责终止的，受托人应当在45日内确定新的账户管理人。

账户管理人职责终止的，应当妥善保管企业年金基金账户管理资料，在45日内办理完毕账户管理业务移交手续，新账户管理人应当接收并行使相应职责。

第四章　托管人

第三十二条　本办法所称托管人，是指接受受托人委托保管企业年金基金财产的商业银行。

第三十三条　托管人应当具备下列条件：

（一）经国家金融监管部门批准，在中国境内注册的独立法人；

（二）注册资本不少于50亿元人民币，且在任何时候都维持不少于50亿元人民币的净资产；

（三）具有完善的法人治理机构；

（四）设有专门的资产托管部门；

（五）取得企业年金基金从业资格的专职人员达到规定人数；

（六）具有保管企业年金基金财产的条件；

（七）具有安全高效的清算、交割系统；

（八）具有符合要求的营业场所、安全防范设施和与企业年金基金托管业务有关的其他设施；

（九）具有完善的内部稽核监控制度和风险控制制度；

（十）近3年内没有重大违法违规行为；

（十一）国家规定的其他条件。

第三十四条　托管人应当履行下列职责：

（一）安全保管企业年金基金财产；

（二）以企业年金基金名义开设基金财产的资金账户和证券账户等；

（三）对所托管的不同企业年金基金财产分别设置账户，确保基金财产的完整和独立；

（四）根据受托人指令，向投资管理人分配企业年金基金财产；

（五）及时办理清算、交割事宜；

（六）负责企业年金基金会计核算和估值，复核、审查和确认投资管理人计算的基金财产净值；

（七）根据受托人指令，向受益人发放企业年金待遇；

（八）定期与账户管理人、投资管理人核对有关数据；

（九）按照规定监督投资管理人的投资运作，并定期向受托人报告投资监督情况；

（十）定期向受托人提交企业年金基金托管和财务会计报告；定期向有关监管部门提交开展企业年金基金托管业务情况的报告；

（十一）按照国家规定保存企业年金基金托管业务活动记录、账册、报表和其他相关资料自合同终止之日起至少15年；

（十二）国家规定和合同约定的其他职责。

第三十五条　托管人发现投资管理人依据交易程序尚未成立的投资指令违反法律、行政法规、其他有关规定或者合同约定的，应当拒绝执行，立即通知投资管理人，并及时向受托人和有关监管部门报告。

托管人发现投资管理人依据交易程序已经成立的投资指令违反法律、行政法规、其他有关规定或者合同约定的,应当立即通知投资管理人,并及时向受托人和有关监管部门报告。

第三十六条　有下列情形之一的,托管人职责终止:

(一)违反与受托人合同约定的;

(二)利用企业年金基金财产为其谋取利益,或者为他人谋取不正当利益的;

(三)依法解散、被依法撤销、被依法宣告破产或者被依法接管的;

(四)被依法取消企业年金基金托管业务资格的;

(五)受托人有证据认为更换托管人符合受益人利益的;

(六)有关监管部门有充分理由和依据认为更换托管人符合受益人利益的;

(七)国家规定和合同约定的其他情形。

第三十七条　托管人职责终止的,受托人应当在45日内确定新的托管人。

托管人职责终止的,应当妥善保管企业年金基金托管资料,在45日内办理完毕托管业务移交手续,新托管人应当接收并行使相应职责。

第三十八条　禁止托管人有下列行为:

(一)托管的企业年金基金财产与其固有财产混合管理;

(二)托管的企业年金基金财产与托管的其他财产混合管理;

(三)托管的不同企业年金计划、不同企业年金投资组合的企业年金基金财产混合管理;

(四)侵占、挪用托管的企业年金基金财产;

(五)国家规定和合同约定禁止的其他行为。

第五章　投资管理人

第三十九条　本办法所称投资管理人,是指接受受托人委托投资管理企业年金基金财产的专业机构。

第四十条　投资管理人应当具备下列条件:

(一)经国家金融监管部门批准,在中国境内注册,具有受托投资管理、基金管理或者资产管理资格的独立法人;

(二)具有证券资产管理业务的证券公司注册资本不少于10亿元人民币,且在任何时候都维持不少于10亿元人民币的净资产;养老金管理公司注册资本不少于 5 亿元人民币,且在任何时候都维持不少于 5 亿元人民币的净资产;信托公司注册资本不少于 3 亿元人民币,且在任何时候都维持不少于 3 亿元人民币的净资产;基金管理公司、保险资产管理公司、证券资产管理公司或者其他专业投资机构注册资本不少于 1 亿元人民币,且在任何时候都维持不少于 1 亿元人民币的净资产;

(三)具有完善的法人治理结构;

(四)取得企业年金基金从业资格的专职人员达到规定人数;

(五)具有符合要求的营业场所、安全防范设施和与企业年金基金投资管理业务有关的其他设施;

(六)具有完善的内部稽核监控制度和风险控制制度;

(七)近 3 年内没有重大违法违规行为;

(八)国家规定的其他条件。

第四十一条 投资管理人应当履行下列职责:

(一)对企业年金基金财产进行投资;

(二)及时与托管人核对企业年金基金会计核算和估值结果;

(三)建立企业年金基金投资管理风险准备金;

(四)定期向受托人提交企业年金基金投资管理报告;定期向有关监管部门提交开展企业年金基金投资管理业务情况的报告;

(五)根据国家规定保存企业年金基金财产会计凭证、会计账簿、年度财务会计报告和投资记录自合同终止之日起至少 15 年;

(六)国家规定和合同约定的其他职责。

第四十二条 有下列情形之一的,投资管理人应当及时向受托人报告:

(一)企业年金基金单位净值大幅度波动的;

(二)可能使企业年金基金财产受到重大影响的有关事项;

(三)国家规定和合同约定的其他情形。

第四十三条 有下列情形之一的,投资管理人职责终止:

(一)违反与受托人合同约定的;

(二)利用企业年金基金财产为其谋取利益,或者为他人谋取不正当利益的;

(三)依法解散、被依法撤销、被依法宣告破产或者被依法接管的;

(四)被依法取消企业年金基金投资管理业务资格的;

(五)受托人有证据认为更换投资管理人符合受益人利益的;

（六）有关监管部门有充分理由和依据认为更换投资管理人符合受益人利益的；

（七）国家规定和合同约定的其他情形。

第四十四条　投资管理人职责终止的，受托人应当在 45 日内确定新的投资管理人。

投资管理人职责终止的，应当妥善保管企业年金基金投资管理资料，在 45 日内办理完毕投资管理业务移交手续，新投资管理人应当接收并行使相应职责。

第四十五条　禁止投资管理人有下列行为：

（一）将其固有财产或者他人财产混同于企业年金基金财产；

（二）不公平对待企业年金基金财产与其管理的其他财产；

（三）不公平对待其管理的不同企业年金基金财产；

（四）侵占、挪用企业年金基金财产；

（五）承诺、变相承诺保本或者保证收益；

（六）利用所管理的其他资产为企业年金计划委托人、受益人或者相关管理人谋取不正当利益；

（七）国家规定和合同约定禁止的其他行为。

第六章　基金投资

第四十六条　企业年金基金投资管理应当遵循谨慎、分散风险的原则，充分考虑企业年金基金财产的安全性、收益性和流动性，实行专业化管理。

第四十七条　企业年金基金财产限于境内投资，投资范围包括银行存款、国债、中央银行票据、债券回购、万能保险产品、投资联结保险产品、证券投资基金、股票，以及信用等级在投资级以上的金融债、企业（公司）债、可转换债（含分离交易可转换债）、短期融资券和中期票据等金融产品。

第四十八条　每个投资组合的企业年金基金财产应当由一个投资管理人管理，企业年金基金财产以投资组合为单位按照公允价值计算应当符合下列规定：

（一）投资银行活期存款、中央银行票据、债券回购等流动性产品以及货币市场基金的比例，不得低于投资组合企业年金基金财产净值的 5%；清算备付金、证券清算款以及一级市场证券申购资金视为流动性资产；投资债券正回购的比例不得高于投资组合企业年金基金财产净值的 40%。

（二）投资银行定期存款、协议存款、国债、金融债、企业（公司）债、短期融资券、中期票据、万能保险产品等固定收益类产品以及可转换债（含分离交易可转换债）、债券基金、投资联结保险产品（股票投资比例不高于30%）的比例，不得高于投资组合企业年金基金财产净值的95%。

（三）投资股票等权益类产品以及股票基金、混合基金、投资联结保险产品（股票投资比例高于或者等于30%）的比例，不得高于投资组合企业年金基金财产净值的30%。其中，企业年金基金不得直接投资于权证，但因投资股票、分离交易可转换债等投资品种而衍生获得的权证，应当在权证上市交易之日起10个交易日内卖出。

第四十九条 根据金融市场变化和投资运作情况，人力资源社会保障部会同中国银监会、中国证监会和中国保监会，适时对投资范围和比例进行调整。

第五十条 单个投资组合的企业年金基金财产，投资于一家企业所发行的股票，单期发行的同一品种短期融资券、中期票据、金融债、企业（公司）债、可转换债（含分离交易可转换债）、单只证券投资基金、单个万能保险产品或者投资联结保险产品，分别不得超过该企业上述证券发行量、该基金份额或者该保险产品资产管理规模的5%；按照公允价值计算，也不得超过该投资组合企业年金基金财产净值的10%。

单个投资组合的企业年金基金财产，投资于经备案的符合第四十八条投资比例规定的单只养老金产品，不得超过该投资组合企业年金基金财产净值的30%，不受上述10%规定的限制。

第五十一条 投资管理人管理的企业年金基金财产投资于自己管理的金融产品须经受托人同意。

第五十二条 因证券市场波动、上市公司合并、基金规模变动等投资管理人之外的因素致使企业年金基金投资不符合本办法第四十八条、第五十条规定的比例或者合同约定的投资比例的，投资管理人应当在可上市交易之日起10个交易日内调整完毕。

第五十三条 企业年金基金证券交易以现货和国务院规定的其他方式进行，不得用于向他人贷款和提供担保。

投资管理人不得从事使企业年金基金财产承担无限责任的投资。

第七章 收益分配及费用

第五十四条 账户管理人应当采用份额计量方式进行账户管理，根据企业年金基金单位净值，按周或者按日足额记入企业年金基金企业账户和个人账户。

第五十五条 受托人年度提取的管理费不高于受托管理企业年金基金财产净值的0.2%。

第五十六条 账户管理人的管理费按照每户每月不超过5元人民币的限额，由建立企业年金计划的企业另行缴纳。

保留账户和退休人员账户的账户管理费可以按照合同约定由受益人自行承担，从受益人个人账户中扣除。

第五十七条 托管人年度提取的管理费不高于托管企业年金基金财产净值的0.2%。

第五十八条 投资管理人年度提取的管理费不高于投资管理企业年金基金财产净值的1.2%。

第五十九条 根据企业年金基金管理情况，人力资源社会保障部会同中国银监会、中国证监会和中国保监会，适时对有关管理费进行调整。

第六十条 投资管理人从当期收取的管理费中，提取20%作为企业年金基金投资管理风险准备金，专项用于弥补合同终止时所管理投资组合的企业年金基金当期委托投资资产的投资亏损。

第六十一条 当合同终止时，如所管理投资组合的企业年金基金财产净值低于当期委托投资资产的，投资管理人应当用风险准备金弥补该时点的当期委托投资资产亏损，直至该投资组合风险准备金弥补完毕；如所管理投资组合的企业年金基金当期委托投资资产没有发生投资亏损或者风险准备金弥补后有剩余的，风险准备金划归投资管理人所有。

第六十二条 企业年金基金投资管理风险准备金应当存放于投资管理人在托管人处开立的专用存款账户，余额达到投资管理人所管理投资组合基金财产净值的10%时可以不再提取。托管人不得对投资管理风险准备金账户收取费用。

第六十三条 风险准备金由投资管理人进行管理，可以投资于银行存款、国债等高流动性、低风险金融产品。风险准备金产生的投资收益，应当纳入风险准备金管理。

第八章 计划管理和信息披露

第六十四条 企业年金单一计划指受托人将单个委托人交付的企业年金基

金，单独进行受托管理的企业年金计划。

企业年金集合计划指同一受托人将多个委托人交付的企业年金基金，集中进行受托管理的企业年金计划。

第六十五条　法人受托机构设立集合计划，应当制定集合计划受托管理合同，为每个集合计划确定账户管理人、托管人各一名，投资管理人至少三名；并分别与其签订委托管理合同。

集合计划受托人应当将制定的集合计划受托管理合同、签订的委托管理合同以及该集合计划的投资组合说明书报人力资源社会保障部备案。

第六十六条　一个企业年金方案的委托人只能建立一个企业年金单一计划或者参加一个企业年金集合计划。委托人加入集合计划满3年后，方可根据受托管理合同规定选择退出集合计划。

第六十七条　发生下列情形之一的，企业年金单一计划变更：

（一）企业年金计划受托人、账户管理人、托管人或者投资管理人变更；

（二）企业年金基金管理合同主要内容变更；

（三）企业年金计划名称变更；

（四）国家规定的其他情形。

发生前款规定情形时，受托人应当将相关企业年金基金管理合同重新报人力资源社会保障行政部门备案。

第六十八条　企业年金单一计划终止时，受托人应当组织清算组对企业年金基金财产进行清算。清算费用从企业年金基金财产中扣除。

清算组由企业代表、职工代表、受托人、账户管理人、托管人、投资管理人以及由受托人聘请的会计师事务所、律师事务所等组成。

清算组应当自清算工作完成后3个月内，向人力资源社会保障行政部门和受益人提交经会计师事务所审计以及律师事务所出具法律意见书的清算报告。

人力资源社会保障行政部门应当注销该企业年金计划。

第六十九条　受益人工作单位发生变化，新工作单位已经建立企业年金计划的，其企业年金个人账户权益应当转入新工作单位的企业年金计划管理。新工作单位没有建立企业年金计划的，其企业年金个人账户权益可以在原法人受托机构发起的集合计划设置的保留账户统一管理；原受托人是企业年金理事会的，由企业与职工协商选择法人受托机构管理。

第七十条　企业年金单一计划终止时，受益人企业年金个人账户权益应当转入原法人受托机构发起的集合计划设置的保留账户统一管理；原受托人是企业年金理事会的，由企业与职工协商选择法人受托机构管理。

第七十一条　发生以下情形之一的，受托人应当聘请会计师事务所对企业年金计划进行审计。审计费用从企业年金基金财产中扣除。

（一）企业年金计划连续运作满三个会计年度时；

（二）企业年金计划管理人职责终止时；

（三）国家规定的其他情形。

账户管理人、托管人、投资管理人应当自上述情况发生之日起配合会计师事务所对企业年金计划进行审计。受托人应当自上述情况发生之日起的50日内向委托人以及人力资源社会保障行政部门提交审计报告。

第七十二条　受托人应当在每季度结束后30日内向委托人提交企业年金基金管理季度报告；并应当在年度结束后60日内向委托人提交企业年金基金管理和财务会计年度报告。

第七十三条　账户管理人应当在每季度结束后15日内向受托人提交企业年金基金账户管理季度报告；并应当在年度结束后45日内向受托人提交企业年金基金账户管理年度报告。

第七十四条　托管人应当在每季度结束后15日内向受托人提交企业年金基金托管和财务会计季度报告；并应当在年度结束后45日内向受托人提交企业年金基金托管和财务会计年度报告。

第七十五条　投资管理人应当在每季度结束后15日内向受托人提交经托管人确认财务管理数据的企业年金基金投资组合季度报告；并应当在年度结束后45日内向受托人提交经托管人确认财务管理数据的企业年金基金投资管理年度报告。

第七十六条　法人受托机构、账户管理人、托管人和投资管理人发生下列情形之一的，应当及时向人力资源社会保障部报告；账户管理人、托管人和投资管理人应当同时抄报受托人。

（一）减资、合并、分立、依法解散、被依法撤销、决定申请破产或者被申请破产的；

（二）涉及重大诉讼或者仲裁的；

（三）董事长、总经理、直接负责企业年金业务的高级管理人员发生变动的；

（四）国家规定的其他情形。

第七十七条　受托人、账户管理人、托管人和投资管理人应当按照规定报告企业年金基金管理情况，并对所报告内容的真实性、完整性负责。

第九章 监督检查

第七十八条 法人受托机构、账户管理人、托管人、投资管理人开展企业年金基金管理相关业务,应当向人力资源社会保障部提出申请。法人受托机构、账户管理人、投资管理人向人力资源社会保障部提出申请前应当先经其业务监管部门同意,托管人向人力资源社会保障部提出申请前应当先向其业务监管部门备案。

第七十九条 人力资源社会保障部收到法人受托机构、账户管理人、托管人、投资管理人的申请后,应当组织专家评审委员会,按照规定进行审慎评审。经评审符合条件的,由人力资源社会保障部会同有关部门确认公告;经评审不符合条件的,应当书面通知申请人。

专家评审委员会由有关部门代表和社会专业人士组成。每次参加评审的专家应当从专家评审委员会中随机抽取产生。

第八十条 受托人、账户管理人、托管人、投资管理人开展企业年金基金管理相关业务,应当接受人力资源社会保障行政部门的监管。

法人受托机构、账户管理人、托管人和投资管理人的业务监管部门按照各自职责对其经营活动进行监督。

第八十一条 人力资源社会保障部依法履行监督管理职责,可以采取以下措施:

(一)查询、记录、复制与被调查事项有关的企业年金基金管理合同、财务会计报告等资料;

(二)询问与调查事项有关的单位和个人,要求其对有关问题做出说明、提供有关证明材料;

(三)国家规定的其他措施。

委托人、受托人、账户管理人、托管人、投资管理人和其他为企业年金基金管理提供服务的自然人、法人或者其他组织,应当积极配合检查,如实提供有关资料,不得拒绝、阻挠或者逃避检查,不得谎报、隐匿或者销毁相关证据材料。

第八十二条 人力资源社会保障部依法进行调查或者检查时,应当至少由两人共同进行,并出示证件,承担下列义务:

(一)依法履行职责,秉公执法,不得利用职务之便谋取私利;

(二)保守在调查或者检查时知悉的商业秘密;

（三）为举报人员保密。

第八十三条　法人受托机构、中央企业集团公司成立的企业年金理事会、账户管理人、托管人、投资管理人违反本办法规定或者企业年金基金管理费、信息披露相关规定的，由人力资源社会保障部责令改正。其他企业（包括中央企业子公司）成立的企业年金理事会，违反本办法规定或者企业年金基金管理费、信息披露相关规定的，由管理合同备案所在地的省、自治区、直辖市或者计划单列市人力资源社会保障行政部门责令改正。

第八十四条　受托人、账户管理人、托管人、投资管理人发生违法违规行为可能影响企业年金基金财产安全的，或者经责令改正而不改正的，由人力资源社会保障部暂停其接收新的企业年金基金管理业务。给企业年金基金财产或者受益人利益造成损害的，依法承担赔偿责任；构成犯罪的，依法追究刑事责任。

第八十五条　人力资源社会保障部将法人受托机构、账户管理人、托管人、投资管理人违法行为、处理结果以及改正情况予以记录，同时抄送业务监管部门。在企业年金基金管理资格有效期内，有三次以上违法记录或者一次以上经责令改正而不改正的，在其资格到期之后5年内，不再受理其开展企业年金基金管理业务的申请。

第八十六条　会计师事务所和律师事务所提供企业年金中介服务应当严格遵守相关职业准则和行业规范。

第十章　附　则

第八十七条　企业年金基金管理，国务院另有规定的，从其规定。

第八十八条　本办法自2011年5月1日起施行。劳动和社会保障部、中国银行业监督管理委员会、中国证券监督管理委员会、中国保险监督管理委员会于2004年2月23日发布的《企业年金基金管理试行办法》（劳动保障部令第23号）同时废止。

关于扩大企业年金基金投资范围的通知

各省、自治区、直辖市人力资源社会保障厅（局）、银监局、证监局、保监局，新疆生产建设兵团人力资源社会保障局，各计划单列市人力资源社会保障局、银监局、证监局、保监局，上海、深圳证券交易所，中国证券登记结算有限责任公司：

为促进企业年金市场健康发展，实现企业年金基金资产保值增值，根据《企业年金基金管理办法》（人力资源社会保障部第11号令，以下简称第11号令），现就扩大企业年金基金投资范围通知如下：

一、企业年金基金投资范围在第11号令第四十七条规定的金融产品之外，增加商业银行理财产品、信托产品、基础设施债权投资计划、特定资产管理计划、股指期货。

二、企业年金基金资产以投资组合为单位，按照公允价值计算应当符合下列规定：

（一）投资银行活期存款、中央银行票据、一年期以内（含一年）的银行定期存款、债券回购、货币市场基金、货币型养老金产品的比例，合计不得低于投资组合委托投资资产净值的5%；清算备付金、证券清算款以及一级市场证券申购资金视为流动性资产。

（二）投资一年期以上的银行定期存款、协议存款、国债、金融债、企业（公司）债、可转换债（含分离交易可转换债）、短期融资券、中期票据、万能保险产品、商业银行理财产品、信托产品、基础设施债权投资计划、特定资产管理计划、债券基金、投资联结保险产品（股票投资比例不高于30%）、固定收益型养老金产品、混合型养老金产品的比例，合计不得高于投资组合委托投资资产净值的135%。债券正回购的资金余额在每个交易日均不得高于投资组合委托投资资产净值的40%。

（三）投资股票、股票基金、混合基金、投资联结保险产品（股票投资比例高于30%）、股票型养老金产品的比例，合计不得高于投资组合委托投资资产净值的30%。

企业年金基金不得直接投资于权证，但因投资股票、分离交易可转换债等投资品种而衍生获得的权证,应当在权证上市交易之日起10个交易日内卖出。

三、单个投资组合委托投资资产,投资商业银行理财产品、信托产品、基础设施债权投资计划、特定资产管理计划的比例,合计不得高于投资组合委托投资资产净值的30%。其中,投资信托产品的比例,不得高于投资组合委托投资资产净值的10%。投资商业银行理财产品、信托产品、基础设施债权投资计划或者特定资产管理计划的专门投资组合,可以不受此30%和10%规定的限制。

专门投资组合,应当有80%以上的非现金资产投资于投资方向确定的内容。

四、单个投资组合委托投资资产,投资于单期商业银行理财产品、信托产品、基础设施债权投资计划或者特定资产管理计划,分别不得超过该期商业银行理财产品、信托产品、基础设施债权投资计划或者特定资产管理计划资产管理规模的20%。投资商业银行理财产品、信托产品、基础设施债权投资计划或者特定资产管理计划的专门投资组合,可以不受此规定的限制。

五、单个企业年金计划基金资产,投资商业银行理财产品、信托产品、基础设施债权投资计划、特定资产管理计划专门投资组合的比例,合计不得高于企业年金计划基金资产净值的30%。其中,投资信托产品专门投资组合的比例,不得高于企业年金计划基金资产净值的10%。

六、企业年金基金可投资的商业银行理财产品、信托产品、基础设施债权投资计划的发行主体,限于以下三类:

(一)具有"企业年金基金管理机构资格"的商业银行、信托公司、保险资产管理公司;

(二)金融集团公司的控股子公司具有"企业年金基金管理机构资格",发行商业银行理财产品、信托产品、基础设施债权投资计划的该金融集团公司的其他控股子公司;

(三)发行商业银行理财产品、信托产品、基础设施债权投资计划的大型企业或者其控股子公司(已经建立企业年金计划)。该类商业银行理财产品、信托产品、基础设施债权投资计划仅限于大型企业自身或者其控股子公司的企业年金计划投资,并且投资事项应当由大型企业向人力资源社会保障部备案。

七、企业年金基金可投资的商业银行理财产品应当符合下列规定:

(一)风险等级为发行银行根据银监会评级要求,自主风险评级处于风险水平最低的一级或者二级；

（二）投资品种限于保证收益类和保本浮动收益类；

（三）投资范围限于境内市场的信贷资产、存款、货币市场工具、公开发行且评级在投资级以上的债券，基础资产由发行银行独立负责投资管理；

（四）发行商业银行理财产品的商业银行应当具有完善的公司治理、良好的市场信誉和稳定的投资业绩，上个会计年度末经审计的净资产不低于300亿元人民币或者在境内外主板上市，信用等级不低于国内信用评级机构评定的A级或者相当于A级的信用级别；境外上市并免于国内信用评级的，信用等级不低于国际信用评级机构评定的投资级或者以上的信用级别。

鼓励符合条件的商业银行根据企业年金委托人的投资偏好，为企业年金基金设计、发行商业银行理财产品。

八、企业年金基金可投资的信托产品应当符合下列规定：

（一）限于融资类集合资金信托计划和为企业年金基金设计、发行的单一资金信托计划；

（二）投资合同应当包含明确的"受益权转让"条款；

（三）信用等级不低于国内信用评级机构评定的AA+级或者相当于AA+级的信用级别。但符合下列条件之一的，可以豁免外部信用评级：

1. 偿债主体上个会计年度末经审计的净资产不低于90亿元人民币，年营业收入不低于200亿元人民币；

2. 提供无条件不可撤销连带责任保证担保的担保人，担保人上个会计年度末经审计的净资产不低于90亿元人民币，年营业收入不低于200亿元人民币。

（四）安排投资项目担保机制，但符合上述第三款第1条规定且在风险可控的前提下可以豁免担保；

（五）发行信托产品的信托公司应当具有完善的公司治理、良好的市场信誉和稳定的投资业绩，上个会计年度末经审计的净资产不低于30亿元人民币。

鼓励符合条件的信托公司根据企业年金委托人的投资偏好，为企业年金基金设计、发行信托产品。

九、企业年金基金可投资的基础设施债权投资计划应当符合下列规定：

（一）履行完毕相关监管机构规定的所有合法程序；

（二）基础资产限于投向国务院、有关部委或者省级政府批准的基础设施项目债权资产；

（三）投资合同应当包含明确的"受益权转让"条款；

（四）信用等级不低于国内信用评级机构评定的 A 级或者相当于 A 级的信用级别；

（五）投资品种限于信用增级为 A 类、B 类增级方式；

（六）发行基础设施债权投资计划的保险资产管理公司应当具有完善的公司治理、良好的市场信誉和稳定的投资业绩，上个会计年度末经审计的净资产不低于 2 亿元人民币。

鼓励符合条件的保险资产管理公司根据企业年金委托人的投资偏好，为企业年金基金设计、发行基础设施债权投资计划。

十、企业年金基金可投资的特定资产管理计划应当符合下列规定：

（一）限于结构化分级特定资产管理计划的优先级份额；

（二）不得投资于商品期货及金融衍生品；

（三）不得投资于未通过证券交易所转让的股权；

（四）发行特定资产管理计划的基金管理公司应当具有完善的公司治理、良好的市场信誉和稳定的投资业绩，上个会计年度末经审计的净资产不低于 2 亿元人民币。

十一、企业年金计划投资组合、养老金产品参与股指期货交易应当符合下列规定：

（一）根据风险管理的原则，只能以套期保值为目的，并按照中国金融期货交易所套期保值管理的有关规定执行；

（二）企业年金计划投资组合、养老金产品参与股指期货交易，任一投资组合或者养老金产品在任何交易日日终，所持有的卖出股指期货合约价值，不得超过其对冲标的股票、股票基金、混合基金、投资连结保险产品（股票投资比例高于 30%）等权益类资产的账面价值；

（三）企业年金计划投资组合、养老金产品不得买入股指期货套期保值。

十二、商业银行理财产品、信托产品、基础设施债权投资计划、特定资产管理计划的估值办法，按照相关法律法规或者监管部门的规定执行。

十三、投资管理人投资的金融产品，募集资金投资方向应当符合国家宏观政策、产业政策和监管政策；产品结构简单，基础资产清晰，信用增级安排确凿，具有稳定可预期的现金流；建立信息披露机制和风险隔离机制，并实行资产托（保）管。投资管理人应当优先投资在公开平台登记发行和交易转让的金融产品。

十四、投资管理人应当对有关金融产品风险进行实质性评估,根据投资管理和风险管理能力,合理制订金融产品配置计划,履行相应的内部审核程序,健全内部信用评级制度,科学确定投资品种和规模、期限结构、信用分布和流动性安排。

投资管理人投资有关金融产品,应当充分发挥投资者监督作用,持续跟踪金融产品管理运作,定期评估投资风险,适时调整投资限额、风险限额和止损限额,维护资产安全。金融产品发生违约等重大投资风险的,投资管理人应当采取有效措施,控制相关风险,并及时向人力资源社会保障部和有关业务监管部门报告,同时抄报企业年金受托人。

投资管理人投资有关金融产品,不得与当事人发生涉及利益输送、利益转移等不当交易行为,不得通过关联交易或者其他方式侵害企业年金委托人的利益。

十五、本通知所指信用增级安排,其中保证担保的,应当为本息全额无条件不可撤销连带责任保证担保,且担保人信用等级不低于被担保人信用等级;抵押或者质押担保的,担保财产应当权属清晰,未被设定其他担保或者采取保全措施,经评估的担保财产价值不低于待偿还本息,且担保行为已经履行必要法律程序。

2013 年 3 月 19 日

关于企业年金养老金产品有关问题的通知

各省、自治区、直辖市人力资源社会保障厅（局）、银监局、证监局、保监局，新疆生产建设兵团人力资源社会保障局，各计划单列市人力资源社会保障局、银监局、证监局、保监局，上海、深圳证券交易所，中国证券登记结算有限责任公司：

为促进企业年金市场健康发展，提高企业年金基金投资运营效率，根据《企业年金基金管理办法》（人力资源社会保障部第 11 号令，以下简称第 11 号令），现就企业年金养老金产品有关问题通知如下：

一、养老金产品定义和投资范围

（一）养老金产品是由企业年金基金投资管理人发行的、面向企业年金基金定向销售的企业年金基金标准投资组合。

（二）养老金产品限于境内投资，投资范围包括银行存款、国债、中央银行票据、债券回购、万能保险产品、投资联结保险产品、证券投资基金、股票、商业银行理财产品、信托产品、基础设施债权投资计划、特定资产管理计划、股指期货，以及信用等级在投资级以上的金融债、企业（公司）债、可转换债（含分离交易可转换债）、短期融资券和中期票据等金融产品。

养老金产品资产不得直接投资于权证，但因投资股票、分离交易可转换债等投资品种而衍生获得的权证，应当在权证上市交易之日起 10 个交易日内卖出。

二、养老金产品类型和投资比例

（一）养老金产品类型。

1. 股票型：投资股票、股票基金、混合基金、投资联结保险产品（股票投资比例高于 30%）的比例，合计高于产品资产净值的 30%。债券正回购的资金余额在每个交易日均不得高于产品资产净值的 40%。

2. 混合型：投资股票、股票基金、混合基金、投资联结保险产品（股票投资比例高于 30%）的比例，合计不得高于产品资产净值的 30%。债券正回购的资金余额在每个交易日均不得高于产品资产净值的 40%。

3. 固定收益型：投资银行定期存款、协议存款、国债、金融债、企业（公司）债、可转换债（含分离交易可转换债）、短期融资券、中期票据、万能保险产品、商业银行理财产品、信托产品、基础设施债权投资计划、特定资产管理计划、债券基金、投资连结保险产品（股票投资比例不高于30%）的比例，合计高于产品资产净值的80%。债券正回购的资金余额在每个交易日均不得高于产品资产净值的40%。可转换债（含分离交易可转换债）转股后应当于10个交易日内卖出。固定收益型养老金产品不得投资股票基金、混合基金、投资联结保险产品（股票投资比例高于30%）；可以投资股票一级市场，且应当在上市流通后10个交易日内卖出，但不得投资股票二级市场。

4. 货币型：投资银行活期存款、1年以内（含1年）的银行定期存款、剩余期限在397天以内（含397天）的债券、债券回购、期限在1年以内（含1年）的中央银行票据、货币市场基金、短期理财债券基金。债券正回购的资金余额在每个交易日均不得高于产品资产净值的40%。

5. 产品名称显示投资方向的固定收益型养老金产品，应当有80%以上的非现金资产投资于投资方向确定的内容。可以包括存款型、债券型、债券基金型、商业银行理财产品型、信托产品型、基础设施债权投资计划型、特定资产管理计划型、保险产品型等类型。

6. 商业银行理财产品型、信托产品型、基础设施债权投资计划型养老金产品，可以投资于建立企业年金计划的大型企业或者其控股子公司发行的商业银行理财产品、信托产品、基础设施债权投资计划。

7. 人力资源社会保障部将根据市场需求和运行合规情况，适当增加养老金产品的类型。

（二）养老金产品投资比例。

1. 单个企业年金计划基金资产或者单个投资组合委托投资资产，投资股票型养老金产品的比例，不得高于企业年金计划基金资产净值或者投资组合委托投资资产净值的30%。

2. 单个企业年金计划基金资产，投资商业银行理财产品型、信托产品型、基础设施债权投资计划型、特定资产管理计划型养老金产品的比例，合计不得高于企业年金计划基金资产净值的30%。其中，投资信托产品型养老金产品的比例，不得高于企业年金计划基金资产净值的10%。

3. 单个投资组合委托投资资产，投资商业银行理财产品型、信托产品型、基础设施债权投资计划型、特定资产管理计划型养老金产品的比例，合计不得高于投资组合委托投资资产净值的30%。其中，投资信托产品型养老金产品的比例，不得高于投资组合委托投资资产净值的10%。投资商业银行理财产品型、信托产品型、基础设施债权投资计划型或者特定资产管理计划型养老金产品的专门投资组合，可以不受此30%和10%规定的限制。

4. 单只养老金产品资产，投资于一家企业所发行的股票，单期发行的同一品种短期融资券、中期票据、金融债、企业（公司）债、可转换债（含分离交易可转换债），单只证券投资基金，单个万能保险产品或者投资联结保险产品，分别不得超过该企业上述证券发行量、该基金份额或者该保险产品资产管理规模的5%；按照公允价值计算，也不得超过该养老金产品资产净值的10%。

5. 单只养老金产品资产，投资商业银行理财产品、信托产品、基础设施债权投资计划、特定资产管理计划的比例，合计不得超过养老金产品资产净值的30%。其中，投资信托产品的比例，不得超过养老金产品资产净值的10%。商业银行理财产品型、信托产品型、基础设施债权投资计划型或者特定资产管理计划型养老金产品，可以不受此30%和10%规定的限制。

6. 单只养老金产品资产，投资于单期商业银行理财产品、信托产品、基础设施债权投资计划或者特定资产管理计划，分别不得超过该期商业银行理财产品、信托产品、基础设施债权投资计划或者特定资产管理计划资产管理规模的20%。其中，商业银行理财产品型、信托产品型、基础设施债权投资计划型或者特定资产管理计划型养老金产品，可以不受此规定的限制。

7. 单个投资组合委托投资资产，投资单只养老金产品的比例，可以不受第11号令第五十条有关30%规定的限制。

三、养老金产品发行

（一）投资管理人申请发行养老金产品，应当报送人力资源社会保障部备案，备案时提供下列材料，一式四份。

1. 《关于养老金产品备案的函》；

2. 《养老金产品投资管理合同》；

3. 《养老金产品投资说明书》；

4. 投资管理人和养老金产品托管人协商一致签订的《养老金产品托管合同》；

5. 投资管理人担任注册登记人的，应当提交注册登记业务规则；投资管理人委托中国证券登记结算有限责任公司等符合条件的机构担任注册登记人的，应当提交委托代理协议书；

6. 投资管理人、托管人的"企业年金基金管理机构资格"证书复印件；

7. 其他需要提供的材料。

（二）人力资源社会保障部在收到符合规定的养老金产品备案材料之日起

60 日内，根据第 11 号令和本通知等有关规定，做出通过或者不予通过的决定。不予通过的，说明理由并通知申请人；通过的，向申请人出具养老金产品备案确认函，给予养老金产品登记号。养老金产品登记号编制方法为：99＋PF＋4 位数年份＋4 位数序列号。其中，序列号采用连续编排方法。

（三）养老金产品托管人应当以产品的名义在其营业机构开立资金托管账户，资金托管账户是用于清算交收所托管养老金产品资产而设立的专用存款账户。资金托管账户名称为"××银行××公司××养老金产品资产"托管账户，"××银行"为养老金产品托管人的简称，"××公司"为养老金产品投资管理人的简称，"××银行××公司××养老金产品"名称应当与养老金产品备案确认函中的名称一致。

资金托管账户预留银行签章为"××银行××公司××养老金产品资产"专用章和托管人的授权人名章。专用章名称应当与资金托管账户名称一致，预留银行签章由托管人负责保管和代为使用。

托管人开立资金托管账户，应当向开户银行提供下列材料：

1. 投资管理人委托托管人开立养老金产品资金托管账户的委托书；
2. 《关于××公司××养老金产品确认函》复印件；
3. 托管人营业执照复印件；
4. 托管人基本存款账户开户许可证复印件；
5. 托管人"企业年金基金管理机构资格"证书复印件；
6. 其他要求提供的材料。

资金托管账户开立之后，投资管理人可以面向企业年金计划或者企业年金计划投资组合（养老金产品投资人）定向销售养老金产品。投资人依据《养老金产品投资管理合同》取得产品份额后，即成为养老金产品份额持有人。

（四）养老金产品发行后，投资管理人不得变更养老金产品类型。

（五）发生下列情形之一的，养老金产品变更：

1. 养老金产品名称变更；
2. 养老金产品管理费率调高；
3. 养老金产品投资政策变更；
4. 备案材料的其他主要内容变更。

投资管理人与托管人协商一致后拟变更养老金产品的，应当充分保障份额持有人的知情权，事先以公告等方式通知份额持有人，并向人力资源社会保障部重新履行备案手续；备案通过后，变更生效。投资管理人应当自变更生效之日起 15 日内，以书面送达或者公告等方式通知份额持有人。养老金产品变更，原产品登记号不变。

（六）投资管理人可以在《养老金产品投资管理合同》中约定，在不损害份额持有人利益且与托管人协商一致的前提下，对养老金产品下列内容进行变更：

1. 调低养老金产品管理费率；

2. 因法律法规修订而应当收取增加的费用；

3. 因法律法规修订而应当修改《养老金产品投资管理合同》。

投资管理人应当自变更生效之日起 15 日内以书面送达或者公告等方式通知份额持有人，并同时向人力资源社会保障部报告。

（七）发生下列情形之一的，养老金产品终止：

1. 投资管理人与托管人协商一致决定终止的；

2. 人力资源社会保障部按照规定决定终止的。

养老金产品自人力资源社会保障部出具的同意或者决定终止函生效之日起终止。

（八）养老金产品终止的，投资管理人应当以公告等方式通知份额持有人，并组织清算组对养老金产品资产进行清算，清算费用从养老金产品资产中扣除。

清算组由投资管理人、托管人、份额持有人代表以及投资管理人聘请的会计师事务所、律师事务所等组成。

清算组应当自清算工作完成后 3 个月内，向人力资源社会保障部提交经会计师事务所审计以及律师事务所出具法律意见书的清算报告，该报告同时向份额持有人公告。

四、养老金产品管理运行

（一）投资管理人、托管人各自以养老金产品为主体，采用份额法计量方法，独立建账、独立核算，根据《企业会计准则第 10 号——企业年金基金》、《企业会计准则第 22 号——金融工具确认和计量》及相关会计准则，参照《证券投资基金会计核算业务指引》等规定，分别在每个交易日进行会计核算和估值，托管人应当复核、审查和确认投资管理人计算的估值结果。

（二）注册登记人负责办理养老金产品的注册登记业务。注册登记业务指登记、存管、清算和结算业务，具体内容包括份额持有人账户建立和管理、份额注册登记、销售业务确认、清算及交易确认、建立并保管份额持有人名册等。注册登记人应当在份额持有人办理申购赎回业务时向其提供交易确认电子数据。投资管理人委托其他机构办理注册登记业务所支付的费用，不得从养老金产品资产中列支。

注册登记人负责定期向份额持有人报告账户的份额、净值、申购赎回明细等信息，报告方式可以是纸质对账单或者电子对账单。注册登记人应当确保报告信息的及时、准确、完整。

注册登记人应当提供网站专区供份额持有人自助查询或者下载对账单。同时，应当为份额持有人提供纸质对账单或者电子对账单订阅方式，并按照订阅要求向份额持有人发送月度、季度或者年度纸质对账单、电子对账单。

（三）根据投资管理人的投资安排，托管人应当以养老金产品名义开立交易所证券账户、银行间债券账户、上海清算所持有人账户等账户。

托管人开立养老金产品交易所证券账户、银行间债券账户、上海清算所持有人账户时，应当提供下列材料：

1. 投资管理人委托托管人开立养老金产品各类账户的委托书；

2. 《关于××公司××养老金产品确认函》复印件；

3. 托管人"企业年金基金管理机构资格"证书复印件；

4. 《养老金产品托管合同》复印件；

5. 其他要求提供的材料。

（四）托管人应当按照本通知及《养老金产品托管合同》规定，对养老金产品资产的投资范围、投资比例、会计核算与估值、费用计提与支付等事项进行监督。托管人发现投资管理人违反本通知或者《养老金产品托管合同》规定的，应当及时通知投资管理人予以调整；投资管理人逾期未调整的，托管人应当上报人力资源社会保障部。

（五）养老金产品投资管理费按照固定费率收取，不收取业绩报酬，不提取风险准备金。

（六）养老金产品的投资管理费、托管费和其他相关费用，包括证券交易费用、资金划拨费用以及证券账户、资金账户等的开户及变更费用等，从养老金产品资产中扣除。

养老金产品投资管理人、托管人应当综合考虑养老金性质、份额持有人利益和市场发展等因素，合理确定管理费收取标准。

五、投资养老金产品

（一）企业年金计划投资组合资产投资养老金产品。

1. 企业年金计划投资组合（以下简称投资组合）的投资管理人，可以将投资组合的委托投资资产投资于一个或者多个养老金产品。

2. 投资管理人将投资组合的部分或者全部委托投资资产投资于养老金产品时，该部分或者全部委托投资资产不再计提投资管理费，也不提取风险准备金。

3. 规模较小投资组合的受托人或者投资管理人，应当优先考虑将该组合的委托投资资产全部投资于养老金产品。

4. 注册登记人负责以投资组合的名义开立养老金产品份额持有人账户，开户名称应当与投资组合名称一致，开户证件使用企业年金计划备案确认函，证件号码为企业年金计划登记号，组织机构代码证、税务登记证号码等使用投资组合投资管理人的信息。

5. 投资管理人将投资组合的委托投资资产投资于养老金产品时，应当经受托人同意。

（二）企业年金计划资产投资养老金产品。

1. 法人受托机构可以将受托管理的企业年金基金资产，分配给一个或者多个养老金产品。法人受托机构应当在《企业年金计划受托管理合同》或者补充协议中说明将企业年金缴费分配给养老金产品的原则和方法。

法人受托机构应当与养老金产品投资管理人签订《企业年金计划投资管理合同》、《养老金产品投资管理合同》、《养老金产品投资说明书》作为《企业年金计划投资管理合同》的附件。

2. 规模较小企业年金计划的委托人或者法人受托机构，应当优先考虑将企业年金计划基金资产全部投资于养老金产品。

3. 注册登记人负责以企业年金计划的名义开立养老金产品份额持有人账户，开户名称应当与企业年金计划名称一致，开户证件使用企业年金计划备案确认函，证件号码为企业年金计划登记号，组织机构代码证、税务登记证号码等使用法人受托机构的信息。

4. 企业年金计划法人受托机构和企业年金计划托管人应当分别完成企业年金计划的建账、估值核算、制作会计报表、信息报告等工作，法人受托机构对托管人出具的估值核算结果、会计报表及信息报告进行复核。

六、养老金产品信息披露和监管

（一）投资管理人应当在收到养老金产品备案确认函的下一个工作日，在指定网站及其公司官网上披露养老金产品信息。

养老金产品的投资经理发生变更，投资管理人应当自变更之日起3个工作日内，在指定网站及其公司官网上披露。

（二）养老金产品存续期间，投资管理人应当每个交易日在指定网站及其公司官网上披露经养老金产品托管人复核、审查和确认的单位净值。

（三）投资管理人应当按照有关规定，向份额持有人提供养老金产品季度报告和年度报告；如发生特殊情况，还应当提供临时报告或者进行重大信息披露。

（四）投资管理人、托管人应当按照有关规定，向人力资源社会保障部报告养老金产品的管理情况，同时抄报有关业务监管部门，并对所报告内容的真实性、准确性、完整性负责。

（五）养老金产品宣传推介材料应当含有明确、醒目的风险提示和警示性文字，提醒投资人注意投资风险。投资人应当仔细阅读《养老金产品投资管理合同》、《养老金产品投资说明书》、《养老金产品托管合同》，充分认知养老金产品的投资风险，审慎做出投资决策，自行承担投资损益。

（六）企业年金计划受托人，负责企业年金计划的投资比例控制；企业年金计划托管人负责监督。

企业年金计划投资组合投资管理人，负责投资组合的投资比例控制；企业年金计划托管人负责监督。

养老金产品投资管理人，负责养老金产品的投资比例控制；养老金产品托管人负责监督。

养老金产品投资管理人应当接受份额持有人和托管人的监督。

（七）养老金产品经人力资源社会保障部备案确认，并不表明其对养老金产品的价值和收益做出实质性的判断或者保证，也不表明养老金产品没有投资风险。

（八）投资管理人、托管人违反行政法规和本办法规定的，人力资源社会保障部根据第11号令规定进行处罚；对直接负责的主管人员和其他直接责任人员，可以采取监管谈话、出具警示函、记入诚信档案等监管措施。

（九）人力资源社会保障部、有关业务监管部门依法履行监督管理职责，对养老金产品的投资运作和管理情况进行定期或者不定期检查，投资管理人、托管人和注册登记人应当予以配合。

2013年3月19日

参考文献

[1][美]约翰·坎贝尔,路易斯·维瑟拉.战略资产配置——长期投资者的资产组合选择[M].陈学彬等译.上海:上海财经大学出版社,2004.

[2][美]阿尔伯特·弗雷德曼,鲁斯·瓦尔斯.共同基金运作[M].刘勇,伊志宏译.北京:清华大学出版社,1998.

[3][美]劳伦斯·汤普森.老而弥智——养老保险经济学[M].孙树菡等译.北京:中国劳动社会保障出版社,2003.

[4][美]科林·吉列恩,约翰·特纳,克利夫·贝雷,丹尼斯·拉图利普.全球养老保障——改革与发展[M].杨燕绥等译.北京:中国劳动社会保障出版社,2002.

[5][美]埃弗里特·艾伦,约瑟夫·梅隆,杰里·罗森布鲁姆,杰克·范德海.退休金计划——退休金、利润分享和其他延期支付[M].杨燕绥,费朝晖,李卫东等译.北京:经济科学出版社,2003.

[6]邓大松,刘昌平.中国企业年金制度研究[M].北京:人民出版社,2004.

[7]李绍光.养老基金制度与资本市场[M].北京:中国发展出版社,1998.

[8]杨长汉.中国企业年金投资运营研究[M].北京:经济管理出版社,2010.

[9]杨长汉.企业年金基金管理[M].北京:经济管理出版社,2011.

[10]孙建勇,杨长汉等译.养老金治理与投资[M].北京:中国发展出版社,2007.

[11]杨长汉.西方证券投资理论演变与述评[M].北京:经济管理出版社,2010.

[12]杨老金,邹照洪.企业年金方案设计与管理[M].北京:中国财

经出版社，2006.

[13] 杨帆，郑秉文，杨老金. 中国企业年金发展报告［M］. 北京：中国劳动社会保障出版社，2008.

[14] 杨老金，邹照洪. 企业年金存量市场化转型策略［J］. 首席财务官，2006（12）.

[15] 杨长汉. 构建中国养老金指数［J］. 管理世界，2012（6）.

[16] 唐旭，杨辉生. 中国养老基金的投资选择［J］. 金融研究，2001（11）.

[17] 马娟. 论生命周期策略在我国企业年金基金投资中的适用性［J］. 统计与决策，2007（2）.

[18] 杨燕绥. 企业年金理论与实务［M］. 北京：中国劳动社会保障出版社，2003.

[19] 魏加宁. 养老保险与金融市场［M］. 北京：中国金融出版社，2002.

[20] 程兵，魏先华. 投资组合保险 CPPI 策略研究［J］. 系统科学与数学，2005（3）.

[21] 庄新田，姜硕，朱俊. 基于均值——CVaR 模型的企业年金资产配置［J］. 管理学报，2009（11）.

[22] 孙建勇. 企业年金运营与监管［M］. 北京：中国财政经济出版社，2004.

[23] 刘宁. 企业年金投资策略研究［C］. 中国社会科学院研究生院，2010.

[24] 李心怡. 中国企业年仅投资管理研究［C］. 北京林业大学，2010.

[25] 蔡明仪. 商业银行企业年金业务发展战略研究［C］. 厦门大学，2007.

[26] 陈彦艳. 我国企业年金投资运营研究［C］. 苏州大学，2007.

[27] 林羿. 美国企业养老金的运营与监管［M］. 北京：中国财经出版社，2006.

[28] 黄广伟. 中国企业年金的投资组合策略优化［C］. 华南理工大学，2013.

[29] 马娟. 论生命周期策略在我国企业年金基金投资中的适用性［J］. 统计与决策，2007（2）.

[30] 褚中华. 中国 DC 型企业年金投资策略研究 [C]. 华北电力大学, 2009.

[31] 徐刚. 南方基金管理公司企业年金业务发展策略研究 [C]. 兰州大学, 2010.

[32] 王治国. 投资组合保险策略在企业年金投资中的应用研究 [C]. 苏州大学, 2009.

[33] 李伟. 企业年金投资策略及计划模式选择 [C]. 东北财经大学, 2005.

[34] Davis., E. Pension Funds [M]. Oxford, Clarendon Press, 1995.

[35] Brown, J. R. Differential Mortality and the Value of Individual Account Retirement Annuity [R]. NBER Working Paper, 1999.

[36] Estelle James and Dimitri Vittas. Annuity Markets in Comparative Perspective [D]. World Bank Working Paper, 2000.

[37] Modigliani, Franco. The Role of Intergenerational Transfers and Life-cycle Saving in the Accumulation of Wealth [J]. Journal of Economic Perspectives, 1998, 2 (2).

[38] Corsetti, G., P. Pesenti and N. Roubini. The Role of Large Players in Currency Crises [M]. Mimeo, 2001.

[39] Chen, Nai-Fu. Some Empirical Tests of the Theory of Arbitrate Pricing [J]. The Journal of Finance, 1983, 38 (5).

[40] Mehra, R. The Equity Premium: Why is it a Puzzle [J]. Financial Analysts Journal, 2003 (January/February).

[41] Holmstrom, B. and J. Tirole. LAPM: A Liquidity-based Asset Pricing Model [J]. Journal of Finance, 2001 (56).

[42] Heaton, J. and D. J. Lueas. Evaluating the Effects of Incomplete Markets on Risk Sharing and Asset Pricing [J]. Journal of Political Economy, 1996 (104).

[43] McGrattan, E. R., and E. C. Prescott. Is the Market Overvalued [R]. Federal Reserve Bank of Minneapolis Quarterly Review, 2000 (24).

[44] Modigliani, F., Mordigliani L. Risk-Adjusted Performance [J]. Journal of Portfolio Management, 1997 (5).

[45] Mark Grinblatt, Sheridan Titman. Performance Measurement without

Benchmarks: An Examination of Mutual Fund Returns [J]. Journal of Business, 1993, 66 (1).

[46] Treynor. How to Rate Management: Investment Funds [J]. Harvard Business Review, 1965 (43).

[47] Poterba, James M. The Transition to Personal Accounts and Increasing Retirement Wealth [R]. NBER Working Paper, 2000.